우리 아이 첫 영어, 저는 코칭합니다

"우리 아이 첫 영어, 저는 코칭합니다

• 이혜선 지음 •

로그인

차례

프롤로그 | 왜 코칭인가? • 8
시작하기 전에 | 무엇을 위해 영어를 공부하는가? • 12

1장 엄마표 영어의 사각지대

옆집 아이 성공 신화, 참 or 거짓 • 18
영어를 모국어처럼 익힌다? • 24
'다름'을 인정하라 • 31
엄마표 영어 거부 증후군 • 36

2장 엄마표 코칭의 기적

엄마표 영어의 진화, 엄마표 코칭 • 44
'Hello'밖에 모르던 쌍둥이, 1년 반 만에 '해리포터'를 읽다 • 50
6개월 만에 국제학교 TOP을 찍다 • 57
쉼표가 기적을 부른다 • 63

엄마표 영어보다 쉬운 엄마표 코칭 영어

영어 공부 시작의 적기는? • 72

모든 것을 다 이기는 비결, 학습 동기 • 82

영어 거부증 극복을 위한 코칭 노하우 • 90

아이 성향별 코칭 비법 • 100

✚ 플러스 코칭 – 8세 이전까지 해놓으면 좋은 영어 준비 운동 • 113

소수만 아는 영어 학습 비법

인풋(입력) 극대화하기: 듣기 편 • 118

인풋(입력) 극대화하기: 읽기 편 • 130

아웃풋(출력) 극대화하기: 말하기 편 • 139

아웃풋(출력) 극대화하기: 쓰기 편 • 147

문법과 단어 공부, 진실 혹은 거짓 • 152

✚ 플러스 코칭 – 무료 리딩 레벨 테스트 및 결과 확인법 • 162

✚ 플러스 코칭 – 말하기 학습의 꽃, 프레젠테이션 & 프로젝트 학습 • 164

5장 아이의 실력에 날개를 달아주는 엄마표 코칭

영어 교재 선택의 비밀 • 168

자기 주도 학습을 돕는 아웃풋 스터디 플래너 • 177

하루를 3일처럼, 시간에 마법을 더하라 • 186

우리 아이 영어 영재 만드는 언어의 기술 • 195

✚ 플러스 코칭 – 초등학생이 많이 사용하는 주요 교재와 출판사 • 204

✚ 플러스 코칭 – 과하지 않게, 인색하지 않게 올바른 칭찬의 기술 • 207

6장 엄마표 코칭 영어, 액션 플랜

준비READY • 212

계획SET • 215

실행GO • 218

부록 ## 스페셜 코칭

질문 1. 아이를 꼭 영어 학원에 보내야 하나요? • 236

질문 2. 한국인 교사 vs. 원어민 교사, 누가 더 좋은가요? • 239

질문 3. 엄마와 아이가 함께 영어 공부할 때 쓰면
      좋은 사이트와 앱을 소개해 주세요 • 241

참고 문헌 및 사이트 • 244

에필로그 | 엄마표 코칭으로 엄마표 영어의 꽃을 피우세요 • 246

프롤로그
: 왜 코칭인가?

현재 실력이 최종 성적표가 아니다

저녁을 먹고 식탁에 앉아 거실 바닥에서 뒹굴고 있는 쌍둥이 두 딸을 바라볼 때가 나에겐 가장 소중하고 행복한 시간이다. 누워서 영어 소설책을 읽으며 깔깔대는 아이들에게 묻는다.

"그렇게 재밌어?"

고개를 끄덕이는 아이들의 모습에 나도 모르게 안도감이 든다. '우리 아이들은 적어도 학교생활을 하면서, 사회생활을 하면서 영어 때문에 스트레스를 받지는 않겠구나' 하는 생각이 들어서이다. 그럴 때마다 내가 엄마로서 아이들에게 큰 선물을 준 것 같아 뿌듯하다.

엄마로서 자녀를 키우면서 몇 가지 깨달은 점이 있다. 아이들이 내 마음처럼 되지 않는다는 것, 그리고 아이들의 미래는 누구도 예측할 수 없다는 것이다. 엄마표 영어를 포함한 육아와 교육은 객관적인 성적에 따라 당락이 결정되는 입시 레이스가 아니다. 아이의 현재 실력이 인생의 성공을 좌우하는 최종 성적표가 아니라는 뜻이다.

나는 두 아이를 키우는 학부모인 동시에 사교육 1번지로 대표되는 대치동과 목동에서 오랜 시간 영어를 가르쳐온 전문가로, 지금까지 수많은 부모님과 학생들을 만났다. 내 아이들의 영어 교육을 위해 대학원에 입학하여 깊이 있는 공부를 하기도 했다. 그만큼 확신하는 이론과 방법이 있다. 하지만 단 한 번도 현재의 모습으로 그들을 비판하거나 판단한 적은 없다. 부모의 마음을 누구보다 잘 알기 때문이다. '함부로 비판하지 않는다'를 철칙으로 삼는 것도 이 때문이다. 그 누구도 현재의 교육 방식만 보고 부모를 평가하거나 아이의 실력에 대해 비판적 잣대를 들이대서는 안 된다.

시중에 나온 영어 학습서만 보아도 알 수 있듯이 영어 학습 이론은 매우 다양하다. 게다가 아이의 성향은 모두 다르기 때문에 하나의 정답을 찾기가 힘들다. 하지만 아이들에게 좀 더 효과적이고 효율적인 방법은 있다고 생각한다. 그래서 아이들을 위해 잠깐씩 들르는 맘카페에서 '엄마표 영어'와 관련된 글을 볼 때마다 안타까웠다. 첫 번째 이유는 엄마표 영어가 획일적인 방법으로 굳어져 있었기 때문이고, 두 번째 이유는 검증되지 않은 성공담을 맹목적으로 쫓고 성과가 나오지 않을 때 자책하고 후회하는 모습들을 마주했기 때문이다. 나 역시 엄마표 영어로 아이들의 실력을 다져준 만큼 유아기와 유치기가 아이들에게 얼마나 중요한 시기인지 누구보다 잘 알고 있다.

'엄마표 영어'를 넘어 '엄마표 코칭 영어'로

　우리 아이들이 조금씩 영어를 잘하게 되자 주변 엄마들이 나에게 비결을 물어보았다. 동료 영어 선생님 중에서도 같은 질문을 하는 사람이 많아졌다. 내가 영어 전문가였기 때문에 우리 아이들의 실력이 빠른 시간 내에 성장했다고 생각하지 않는다. 엄마가 영어 전문가인 것과 아이가 영어를 잘하는 것은 별개의 문제다. 나는 나만의 방법으로 학생들을 가르치고 있으며, 꽤 효과를 보고 있다. 주변의 영어 선생님들과 내 이론을 공유하는 과정에서 확신이 들었다. 우리는 아이가 아프면 민간요법보다는 전문가인 의사를 찾아간다. 그런데 영어 교육에서는 '카더라 통신'에 의존하는 경우가 많다. 이런 엄마들의 인식을 바꿔주는 동시에 실수와 부담을 줄여주고 싶었다. 이 책을 쓰기로 마음먹은 이유다.

　아이를 가장 잘 아는 것은 엄마이고, 아이와 가장 많은 시간을 보내는 것도 엄마다. 끊임없는 관심과 꾸준한 노력이 필요한 외국어 학습의 특성상 어린 자녀의 가장 좋은 외국어 학습 파트너는 엄마다. 엄마표 영어도 여기에 기반하고 있다. 이에 더하여 나는 두 가지를 더 강조한다.

　첫 번째는 '너그러움'이고, 두 번째는 '코칭'이다. 기존 엄마표 영어와 달리 나는 아이가 좀 더 성장할 수 있도록 엄마가 너그럽게 기다려줄 것을 주문한다. 어차피 공부를 하는 것은 아이다. 엄마가 스트레스를 받는다고 해서 해결되는 문제가 아니다. 엄마 스스로 자신에게 너그러워졌으면 좋겠다. '코칭'도 마찬가지다. 엄마는 자녀의 학습 파트너를 넘어 코치가 되어야 한다. 즉 가르치는 역할보다 아이를 객관적으로 바라보고 배운 것을 꺼내어 확인할 수 있는 아웃풋 환경을 만들어주어야 한다. 이를 통해 아이가 자기 주도 학습을 할 수 있게 만드는 것이 엄마의 진정한 역할이다.

우리 모두는 엄마가 처음이다. 처음이다 보니 같은 실수를 반복하는 날도 많고, 그로 인해 후회하는 날도 많다. 나 역시 그랬고, 지금도 여전히 시행착오를 반복하고 있다. 하지만 목표에 이르기 위해 겪는 실수는 배움 그 이상의 의미가 있다. 쌍둥이 자매를 영어로 지식을 습득하는 아이들로 키운 엄마 선배이자 영어 전문가로서 엄마표 영어에 대한 노하우를 다른 엄마들과 나누고 싶었다. '엄마표'를 지향하는 엄마들의 후회와 실수가 줄어들었으면 하는 바람을 담아 유익하고 실용적인 내용만 선별해 이 책에 담았다.

영어 학습은 어쩔 수 없이 반복과 집중이 필요한 여정이다. 하지만 최소한의 시간에 최대의 효과를 낼 수 있는 방법도 많다. 내가 직접 실천하고 효과를 본 검증된 방법들을 참고하여 이 책을 읽는 모든 엄마들이 아이에게 최고의 영어 코치가 되길 소망한다.

2020년 봄
이혜선

시작하기 전에

: 무엇을 위해 영어를 공부하는가?

본격적인 내용에 들어가기에 앞서 질문으로 글을 시작하려고 한다. 이 책에 담긴 학습법의 최종 목표와 그 이면에 깔린 철학에 대해 먼저 공유하고 이 책을 읽는 부모님들과 눈높이를 맞추는 것이 무엇보다 중요하다고 생각하기 때문이다. 4개의 질문으로 정리해 보았다.

질문 1. 영어는 '중요'한가?

누군가 나에게 영어가 중요하냐고 묻는다면 당연히 "중요하다"라고 답할 것이다. 국제 사회의 공통 커뮤니케이션 수단이 영어이고, 아이들이 커서 글로벌 인재로 성장하는 데도 영어가 필수이기 때문이다. 이 점을 차치하더라도 당장 아이들에게 닥칠 학교 시험과 입시에서 영어가 차지하는 비중은 절대적이다. 이제 질문을 조금 바꿔보자.

질문2. 영어가 '가장' 중요한가?

이 질문에는 "가장 중요한 것은 아니다"라고 답할 것이다. 첫 번째 이유는, 나는 영어 강사이기 전에 부모이기 때문이고, 그렇기에 다른 부모님들과 생각이 같다. 즉 영어보다 내 아이의 건강이 더 중요하고, 영어보다 인성이 더 중요하다고 생각한다. 영어보다 가족의 사랑이 먼저이고, 또 영어보다 모국어인 국어가 먼저다. 한글은 제대로 읽지도 못하면서 영어는 잘하는 아이로 키우고 싶은 부모는 없을 것이다.

그런데 요즘 엄마들은 마치 영어가 세상에서 아이에게 가장 중요하다고 생각하는 것 같다. 그렇지 않고서야 아이가 엄마, 아빠를 말하기 전부터 영어를 들려주고, 하루에 몇 시간씩 아이를 영어에 노출시키고 많은 돈을 투자하는 상황을 설명할 수가 없다. "영어가 가장 중요한 것은 아니지만"이라고 말은 하지만 사실은 가장 중요하다고 생각하는 부모도 있을 것이다. 여기서 다시 질문을 바꿔보겠다.

질문 3. 영어는 '목적'인가?

말 그대로 영어 자체가 '목적'이냐는 질문이다. 영어가 가장 중요한 것은 아니지만 과연 목적이라고 할 수 있을 만큼 가치가 있을까? 물론 누군가에게는 목적이 될 수도 있다. 영어 실력을 높이는 것이 삶의 기쁨이고, 원동력일 수 있다. 영어 선생님이나 통역사처럼 영어 실력이 있어야만 가질 수 있는 직업도 있다. 하지만 냉정하게 보면 영어 선생님이나 통역사도 '선생님'과 '통역사'가 목적이고, 영어는 선생님과 통역사가 되기 위한 '필수 도구'일 뿐이다.

그렇다고 해도 영어가 목적이 될 수는 없다. 영어는 '수단'이고 '도구'일 뿐이다. 국제 사회에서 다른 사람들과 커뮤니케이션을 하기 위해 필요한 도구이자 사회생활을 하는 데 필요한 도구다. 도구의 실력이 좋아지면 목적을 이룰 수 있는 기회가 더 많아지고, 목적으로 가는 길이 넓어지는 것은 어느 정도 맞는 사실이다.

이처럼 영어는 도구일 뿐인데, 우리는 왜 그리 영어에 집착하는가? 왜 마치 영어가 목적인 양 많은 시간과 노력, 돈을 영어에 투자하는가? 당연한 말이지만, 만족할 만한 수준으로 영어를 구사할 수 없다고 해서 불행한 삶을 사는 것은 아니다. 그렇다면 이제 마지막 질문을 해보겠다.

질문 4. 영어는 '얼마나' 잘해야 할까?

이 질문은 앞의 3가지 질문들에 비해 답을 하기가 어렵다. 모든 사람이 생각하는 대답이 전부 다를 수 있기 때문이다. 하지만 내가 생각하는 정답은 "영어가 '도구'로써 역할을 수행할 수 있을 정도면 된다"이다. 결론적으로 우리 아이들이 영어권 국가의 네이티브처럼 될 필요는 없다고 생각한다.

하지만 요즘 엄마들이 아이들에게 기대하는 영어 목표 수준은 매우 높다. 아이들이 모두 네이티브처럼 발음하며, 영어권 국가에서 쓰는 표현들을 구사하길 원하는 듯하다. 목표 수준이 네이티브이다 보니 아이들이 영어를 모국어처럼 하게 만들기 위해 유아기 때부터 영어에 몰입하는 현상이 벌어지고 있다. 하지만 아이들을 네이티브로 만들기 위해서는 엄마표 영어를 할 것이 아니라 아이들을 데리고 영어권 국가로 떠나야 한다. 그러나 앞서 말했듯, 영어가 도구로써 그 역할을 수행하는 데 있어 네이티브일 필요는 없다는 것이 내 생각이다.

영어는 목적이 아니라 도구다

나는 영어 강사이기도 하지만 12살짜리 쌍둥이 자매를 키우는 엄마이기도 하다. 현재 우리 집 쌍둥이는 영어 서적을 읽거나 영어 만화를 보는 데 스트레스가 없다. 당연히 모르는 단어가 나오고, 처음 접하는 표현이 나온다. 이럴 땐 의미를 추측하거나 찾아보고 넘긴다. 발음도 네이티브만큼은 아니지만 타국가의 친구들과 영어로 소통하는 데 전혀 문제가 없다. 이것이 딱 내가 '안도감'을 느낀 지점이다. 영어가 모국어가 아니기 때문에 우리 아이들은 평생 영어를 공부해야 한다. 하지만 스트레스는 없을 것이다. 유아기와 유치기 때 영어 공부를 시작하지는 않았지만 엄마보다 일찍, 그리고 보통의 우리 세대보다 일찍 시작하는 '선물'을 받았기 때문이다. '도구'로써의 영어는 딱 이 정도면 되지 않을까? 영어가 아이의 인생에서 가장 중요한 것이 아니며, 목적이 아닌 도구로써 그 역할을 수행하고, 조금 일찍 시작하여 평생의 학습 과정에 선물을 주고 싶다는 생각에 동의하고 공감한다면 지금부터 소개할 이야기들이 흥미로울 것이다.

1장
엄마표 영어의 사각지대

01
옆집 아이 성공 신화,
참 or 거짓

다른 집 아이들은
다 된다는데……

최상위권 수준의 학습 정보가 오고가는 한 인터넷 맘카페에서 엄마표 영어에 대한 논쟁이 벌어졌다. 엄마표 영어의 핵심이라 할 수 있는 '꾸준한 노출'이 논란의 시작이었다. 아이들이 어렸을 때부터 영어 DVD를 계속해서 보고, 영어책을 많이 읽으면 단어의 뜻 하나하나는 정확히 모를지언정 듣고 보는 과정을 통해 뜻을 추론하고 자연스럽게 영어가 습득된다는 것이 엄마표 영어의 논리다. 엄마표 영어를 지향하는 엄마라면 의심의 여지없이 자녀들에게 적용했던 이 성공 공식을 누군가 정면으로 반박하고 나선 것이다.

자연스러운 영어 습득이 이런 '엄마표' 방식으로 가능한가에 대한 의견은 예상과 달리 첨예하게 엇갈렸다. 정답처럼 여겨졌던 엄마표 영어의 핵심에 반기를 든 엄마들이 적지 않다는 반증이었다. 댓글이 수백 개씩 이어지며 한동안 뜨거운 논란이 지속됐다.

엄마표 영어의 한계를 지적하는 의견들은 대부분 실제 성공 사례가 극히 드물다는 점으로 좁혀졌다. 설령 엄마표로 아이의 영어 실력이 향상됐다 하더라도 그 이면에는 부모의 엄청난 시간과 노력, 경제력이 투여됐다는 점을 꼬집었다. 즉 막대한 돈과 정성을 들여 아이에게 일상적으로 영어와 모국어를 함께 사용할 수 있는 ELS English as a Second Language 환경을 조성해 주었을 때 엄마표 영어가 성공할 수 있다는 것이었다.

엄마표 영어를 옹호하는 입장도 많았다. '3~4세부터 엄마표 영어를 시작한 우리 아이는 말하기와 듣기가 잘된다', '우리 아이는 언어적 재능은 평범하지만 몇 년에 걸쳐 꾸준히 공부하니 원서 읽기가 자연스럽게 되더라'처럼 자신들의 성공담을 댓글로 작성한 엄마들도 적지 않았다. 물론 '아이의 성향에 따라 결과가 다를 수 있다'라는 중립적 견해를 밝힌 엄마들도 있었다. 하지만 최상위권 자녀를 둔 엄마들이 주로 가입한다는 이 카페는 한동안 '엄마표 영어'의 효과를 놓고 극과 극으로 나뉘는 양상을 보였다.

자식의 실패담을 근거로 엄마표 영어의 허와 실을 낱낱이 밝힌 엄마들의 모습이 나에겐 적지 않은 충격이었다. 대치동과 목동. 이른바 대한민국 사교육의 양대 산맥을 모두 경험한 나에게, 엄마들은 자식의 실패는 '죽기보다 싫은 끔찍한 재앙' 또는 '불행'으로 보았기 때문이다. 특히 인터넷 세상은 실패를 드러내기보다 성공을 보여주기 위한 공간이 아니던가. 엄마표 영어의 실패 경험을 적극적으로 표출하는 엄마들의 모습에서 나는 엄마표 영어의 한계와 문제점을 직시하고 이를 바로잡고 싶어 하는 엄마들의 간절함을 발견할 수 있었다.

엄마표 영어의 성공 기준

엄마표 영어의 성공 기준을 따지기 전에 엄마표 영어가 무엇인지부터 알고 들어가는 것이 중요하다. 사실 '엄마표 영어'는 한국에만 존재하는 영어 학습법이다. 아이가 생활 전반에서 모국어처럼 영어를 접하고 익히게 하는 것이 핵심이자 기본이다. 가능한 일찍 시작하는 게 좋다고 믿어지며, 원서(그림책, 챕터북, 리더스북)나 오디오CD, 영화, 애니메이션 DVD가 중요한 학습 자료로 활용된다. 영어에 최대한 많은 시간 노출되는 것이 성공의 열쇠이며, 이 모든 과정은 대부분 엄마의 주도로 이뤄진다.

그렇다면 엄마표 영어의 성공 여부는 어떤 기준으로 판단할 수 있을까? 대부분의 부모는 자녀가 또래보다 조금 앞서거나 어느 한 분야에서 뛰어난 면모를 보이면 '잘한다'고 생각한다. 그러나 엄마표 영어로 효과를 봤다고 말하는 엄마들을 상담해본 결과 지극히 개인적이고 주관적인 잣대로 아이를 성공 반열에 올려놓는 경우가 대부분이었다. 6세 아이가 영어 동요를 불렀다고 해서, 8세 아이가 자막 없이 영어 DVD를 이해했다고 해서 모두 '잘한다'고 단정 지을 수는 없다. 냉정하게 들릴지 모르지만, 객관적인 지표와 전문가의 판단을 통해 아이 실력을 진단해 본 경우라야 '진짜 실력'을 확인할 수 있다.

초등학교 3학년 남자 아이를 상담한 적이 있다. 아이의 부모님은 몇 년간 엄마표 영어를 꾸준히 한 결과 아이가 상당한 수준이 되었다고 말했다. 엄마는 아이가 중학교 수준의 영어책을 혼자 읽고 이해한다며 자녀의 영어 실력을 자신했다. 상담 역시 아이의 실력이 낮아서가 아니라 정체돼 있는 현재 수준을 한 단계 더 끌어올리고 싶은 마음에서 요청한 것이라고 덧붙였다. 엄마표 영어와 아이의 실력에 대한 엄마의 믿음은 확고했다.

"우리 아이는 벌써 높은 수준의 영어 소설을 읽고, 말하는 데도 문제가 없어요. 영어 DVD도 자막 없이 보고 있습니다."

하지만 테스트 결과는 달랐다. 엄마의 기대와는 정반대로 나타났다. 어렵지 않은 영어 원서 한 권을 꺼내어 아이에게 간단한 해석을 시켜보았다. 내용을 제대로 이해하지 못할 뿐만 아니라 쉬운 단어도 모르는 것이 많았다. 아이의 '진짜 실력'과 부모님이 믿고 있는 '가짜 실력'의 차이는 아이와의 대화를 통해 어렵지 않게 발견할 수 있었다.

아이는 부모님이 책의 내용을 물어보면 그림을 보고 관련이 있을 만한 내용을 대충 대답했다고 한다. DVD를 시청할 때도 영상을 보며 대략적인 내용을 파악했을 뿐 대화의 내용을 이해한 것은 아니었다고 한다. 아이는 엄마표 영어의 빈틈을 정확히 간파하고, 그 안에서 자기만의 자유를 누리고 있었던 것이다. 아무리 후하게 평가해도 또래보다 발음이 조금 더 좋다는 점, 영어 문장들을 제한적으로 구사할 수 있다는 점 정도였다.

엄마표 영어, 이대로 괜찮을까?

오랜 시간 대치동과 목동에서 초등학생은 물론 영어유치원에 다니며 영어를 배우는 유아까지 다양한 연령의 학생과 학부모를 상담했다. 하지만 안타깝게도 엄마표 영어로 성공했다고 자신하는 엄마들 가운데 상당수가 주관적인 믿음을 성공이라 '착각'하고 있었다.

아이의 실력을 확인할 길 없는 온라인에선 어떨까? 실제 엄마표 영어에 성공했다고 자부하는 엄마들 중 상당수가 정작 자녀의 영어 실력은 공개하지 않는다. 아이의 현실과 엄마의 착각 사이의 괴리는 온라인에서 더 심각하면 심각했지 덜 하진 않을 것이다.

엄마표 영어의 성패를 가르는 가장 확실한 기준은 '최종 결과'다. 아이가 어떤 과정을 거쳐 어떤 결과물을 냈는지야말로 반박할 수 없는 객관적인 증거가 아닐까? 현재의 영어 실력만으로 엄마표 영어의 성공 여부를 판단하는 것은 조금 섣부른 판단이 아닐까?

대치동 학원가에는 오늘도 많은 아이들이 영어와 씨름을 하며 밤을 지새우고 있다. 이 아이들이 결코 영어 학습의 시작이 늦어서, 엄마의 노력이 부족해서 영어를 못하는 것이 아니다. 내가 본 수많은 아이들은 3~4살 때부터 엄마와 함께 영어 공부를 시작했고, 영어유치원에 다니고, 원어민 과외를 받았다. 그럼에도 결국 영어가 '안 되어' 학원에 왔다. 이렇듯 학원을 가는 것으로 마무리되는 엄마표 영어가 과연 맞는 걸까? 성공담에 가려진 많은 실패 경험들, 그리고 성공 사례조차도 그 성공 기준과 시점에 따라 성공이 아니라 실패가 될 수 있다는 사실, 또한 눈에 띄는 학습 성공담은 평범한 아이가 아닌 언어적으로 타고난 영재가 이룬 학업적 성취였을 수도 있다는 사실. 그런 일련의 사실을 간과하고 혹시 맹목적으로 엄마표 영어를 따라하고 있는 것은 아닌가? 아이의 단 한 번뿐인 시간을 위해 반드시 생각해볼 필요가 있는 문제다.

02

영어를
모국어처럼 익힌다?

영어 공부에 대한
엄마들의 속마음

    나는 대학원에서 영어 교육을 전공했고, 오랫동안 아이들에게 영어를 가르치고 있다. 하지만 영어권 국가에서 자란 배경은 없다. 즉 영어 네이티브 스피커가 아니기 때문에 아직도 영어를 더 잘하기 위해서, 더 알기 위해서 끊임없이 공부하고 있다. 영어권 국가에서 태어나거나 자라서 자연스럽게 영어를 구사하고 실력을 유지하는 사람들을 볼 때마다 부러운 것도 사실이다. 이런 나의 속마음은, 우리 아이들만큼은 나처럼 평생 노력하지 않아도 영어를 자연스럽게 습득하고 잘했으면 좋겠다는 생각으로 이어졌다. 대한민국에서 영어 공부를 해본 적이 있는 사람이라면, 자녀를 둔 엄마라면 누구나 한 번쯤 해본 생각일 것이다.

현재의 엄마표 공부법에 많은 엄마들이 솔깃한 듯하다. 집에서 손쉽게 따라할 수 있고, 경제적인 부담도 없기 때문이다. 게다가 아이를 가장 잘 파악하고 있는 사람은 엄마인데, 엄마와의 교감을 통해 영어 실력이 좋아질 수 있다고 하니 솔깃하지 않을 이유가 없지 않은가? 게다가 실제로 엄마표 영어를 바탕으로 실력을 쌓은 사례들이 알려지면서 엄마표 영어에 대한 엄마들의 '믿음'은 더욱 탄탄하게 굳어졌다.

아이가 어렸을 때부터 영어에 반복적으로 노출되면 영어를 '공부'하는 것이 아니라 모국어를 배우듯 영어를 '습득'할 수 있다는 엄마표 영어 공부법. 여기에는 엄마들 본인이 누릴 수 없었던 환경에 대한 아쉬움이 담겨있다. 나도 어렸을 때 영어를 맘껏 배울 수 있었더라면, 나도 자연스럽게 영어 환경에 노출되었더라면 하는 아쉬움일 것이다. 그리고 이는 자연스럽게 영어 조기교육과 영어 환경에 최대한 노출되게 하려는 마음으로 이어진다.

영어 조기교육, 조기에 마감하다

언제가 상담을 진행한 초등학교 3학년 여자 아이가 기억난다. 아이의 엄마는 엄마표 영어에 대한 책과 강연을 듣고, 아이만은 영어를 유창하게 하는 아이로 키우고 싶은 마음에 아이가 4살이 되면서부터 영어책을 읽어주기 시작했다고 한다. 워킹맘이었던 엄마는 영어 공부를 병행하면서 목이 아프도록 영어책을 읽어주고 DVD를 보여주는 등 아이의 유아기를 영어에 거의 투자했다.

8살이 되어 아이는 초등학교에 입학했고, 주변의 많은 엄마들에게 영어를 잘한다는 칭찬과 관심을 받았다. 조금 높은 수준의 영어책을 읽는다는 말에 많은 엄마들이 부러워했다. 어렸을 때부터 시킨 아이는 역시 다르다며 아이를 인정하는 말을 들을 때마다 그동안의 노력과 고생을 보상받는 것 같아 행복했다.

하지만, 3학년 첫 영어 공개수업에 참석한 엄마는 적지 않은 충격을 받았다. 아이와 친하게 지내던 친구, 영어를 공부한 지 1년밖에 안 되는 아이가 자신의 자녀와 별반 실력 차이가 없었기 때문이다. 오히려 말도 더 유창하게 하고, 발표하는 모습에도 자신감이 넘쳤다. 당연히 엄마들의 관심은 그 아이에게 넘어갔다. 아무도 내 아이에게 관심이 없다는 사실을 안 순간 엄마는 절망했다. 엄마는 그동안 자신이 해온 노력, 그날 느낀 좌절감에 대해 말하면서 무엇이 잘못됐는지 알고 싶다고 했다.

엄마의 가장 큰 후회는 하루 2~3시간씩 영어에 투자하는 과정에서 아이가 정작 한국어 책은 많이 읽지 못했다는 점, 그리고 다른 공부와 체험을 할 시간들을 놓쳤다는 점이었다. 이렇게 모든 것을 포기하고 집중한 영어였던 만큼 한순간에 모든 게 무너지는 느낌이 들었다고 한다.

너무 일찍 영어를 시작하거나 아이를 영어유치원에 보낸 엄마들 중 상당수가 비슷한 고민을 토로한다. 영어에 집중하다 보니 자연스럽게 다른 공부나 활동을 할 시간이 상대적으로 부족할 수밖에 없다. 어릴 때는 내 아이가 다른 아이들보다 영어를 잘하니까 한국어로 된 책을 좀 덜 읽어도 걱정되지 않았고, 한글이 조금 느려도 이중 언어를 학습하고 있다며 스스로 위로한다. 문제는 초등학교 이후다. 특히 초등학교 2~4학년이 되면서 부모들은 자녀의 영어 실력이 또래 친구보다 월등하지 않을 경우, 상대적으로 다른 영역이 떨어질 경우 지난 시간을 후회한다.

중요한 것은
시기가 아니라 방향

아이들을 지도하다 보면 어린 나이에도 높은 수준의 한국어 책을 읽는 아이들이 있다. 초등학교 2~3학년 정도밖에 안 된 아이가 부모님이 읽는 책을 어렵지 않게 읽는 경우를 종종 본다. 이런 아이는 대부분 모국어 발달 수준이 높다. 경험으로 미루어볼 때 모국어 발달 수준이 높은 아이는 영어 공부를 일찍 시작해도 실패하는 경우가 거의 없다. 아이들은 모국어인 한국어 수준만큼 영어를 이해하고, 한국어 수준만큼 영어 수준을 높일 수 있기 때문이다.

하지만 모국어도 제대로 익히지 못한 아이에게 다른 언어를 주입하면서 자연스럽게 언어를 체득하기를 원하는 것은 옳은 방법이 아니다. 어른이 아니라 '아이'니까 자연스럽게 귀가 열리고 단어를 이해해서 영어를 익힐 수 있을 것이라는 기대는 위험하다. 한국어의 다양한 표현을 익히는 것도 버거운데 다른 언어를 함께 익히라는 것은 아이에게 너무도 힘든 일이다. 실제로 언어 혼란으로 인한 어려움을 겪는 아이들을 보면 너무도 안타깝다.

영어 학습에서 중요한 것은, 빨리 시작하는 '시기'의 문제가 아니라 바른 학습법을 찾아가는 '방향'이다. 하지만 우리나라 아이들의 영어 교육은 '일찍'이라는 시기에 집중되어 있다. 이 때문에 놓치고 있는 부분은 없는지 생각해 봐야 할 문제다. 부모가 먼저 조급함을 내려놓을 필요가 있다. '서두르다 일을 그르친다'는 말은 영어 교육에도 똑같이 적용된다.

여기는 한국, EFL 상황임을 인정하자

영어를 배우는 환경은 크게 두 가지로 나눌 수 있다. ESL과 EFL이다. ESL English as a Second Language은 영어를 모국어와 함께 사용할 수 있는 환경, 즉 제2언어로서의 경우를 말한다. 반대로, 영어를 실생활에서 거의 사용하지 않는 환경을 EFL English as a Foreign Language이라고 한다. 우리나라처럼 영어를 배우긴 하지만 실생활에서는 활용하지 않는 외국어로서의 영어가 이에 해당한다.

많은 부모들이 자녀에게 ESL 환경을 만들어주기 위해 영어 흘려듣기, 집중듣기, DVD 보여주기 등을 하고 있다. '하루 3시간씩 영어 환경을 만들어주면 언젠가는 아이가 영어를 잘 알아듣겠지' 하는 마음으로 말이다. 그렇다면 과연 기대만큼의 효과가 나올까?

얼마 전, 남편의 해외 발령으로 중국으로 가게 된 친구에게 전화가 왔다. 아이를 외국인 학교에 입학시켜야 하는지라 나가기 전 한국에서 1년 정도 영어를 준비했고, 아이가 어리기 때문에 6개월 정도면 자연스럽게 의사소통에 문제가 없을 줄 알았다고 한다. 하지만 기대와는 달리 1년이 지난 지금까지도 아이는 말을 잘 알아듣지 못하고, 학업에도 문제가 있다고 했다. 학교에 가 있는 동안 8시간 이상 영어에 노출되고, 집에 와서 따로 과외까지 받고 있는데 아이의 영어 실력이 늘지 않는다는 고민. 그러면서 친구는 주변에 있는 아이들 대부분이 방학을 이용해 따로 어학연수를 받고 온다고 덧붙였다.

미국이나 캐나다처럼 영어권 국가로 간 아이들은 대부분 1년 정도면 수업을 따라가는 데 문제가 없다. 하지만 중국의 국제학교에 간 아이들은 다르다. 학교에서는 영어를 사용하지만 학교를 벗어나면 중국어와 한국어를 사용하는 환경에 노출되기 때문이다. 이처럼 완벽한 ESL 환경에 들어가지 않는 이상 영어를 익히는 것이 생각보다 어렵다. "영어도 배우고 중국어도 배울 수 있으니 얼마나 좋아"라며 부러워하는 사람도 분명 있을 것이다. '시간이 지나면 지금의 언어 고민도 해결되고, 아이들이니까 금방 언어를 습득하겠지'라고 생각할 것이다. 하지만 현실은 다르다. 국제학교에 적응하지 못하고 다시 한국학교에 가거나 4년간의 주재원 생활이 끝나고 한국으로 돌아올 때까지 실력이 크게 좋아지지 않는 아이가 생각보다 많다. 물론 중국에서 국제학교에 다니는 아이가 한국에 있는 아이에 비해 영어를 사용할 시간과 환경이 많은 것은 사실이다. 그럼에도 영어가 늘지 않는 아이들이 많다는 것은 영어를 자연스럽게 익히는 것이 쉽지 않은 일이라는 반증 아닐까?

 이 이야기를 통해 내가 말하고 싶은 것은, 한국에서 3시간 정도씩 영어에 노출되는 상황을 만들어주는 엄마표 영어가 과연 정답일까 하는 의문을 가져야 한다는 것이다. 여러 개의 '답' 가운데 하나일 수는 있지만 목표를 이루기에는 상당히 어려운 '답'이라는 사실을 인정해야 한다. 한국이라는 나라에 사는 이상 영어 노출 상황ESL을 만들어준다고 해도 아이들이 영어를 실제로 활용할 수 있는 기회가 적고, 이를 통해 실력 향상이라는 효과를 보는 데는 많은 시간이 걸리기 때문이다. 즉 우리나라에서 영어는, 어쨌든 '외국어'라는 사실(EFL 환경)을 인정하는 것이 중요하다. 그래야 현실에 맞는 효율적인 학습법을 찾아보려는 마음이 열리고, 눈이 트인다.

 모국어처럼 영어를 익히게 하려는 목적으로 영어에 아이의 어린 시절을 다 투자했다가 아이가 학습 균형을 잃거나 더 중요한 것을 놓칠 수 있다는 사실을 기억하기 바란다.

03
'다름'을 인정하라

내 아이는
나와 다른 시대에 살고 있다

우리나라에 '엄마표 영어'라는 영어 교육 방식이 생긴 지 대략 20년이 되었다고 한다. 그리고 그 20년 동안 엄마표 영어는 한 가지 방식으로 고착화되었다. 많이 흘려듣고, 집중듣기하며, 따라하고, 최대한 많은 영어책을 읽히는 것이 엄마표 영어의 대표적인 공부법이다. 하나하나 들여다보면 언어 학습을 위해 꼭 필요한 공부법인 것은 맞지만 보완할 부분이 많은 것도 사실이다. 요즘처럼 변화가 빠른 시대에 20년은 엄청난 시간이다. 10년이면 강산이 변한다고 하는데 강산이 변해도 두 번이나 변했다. 그럼 만큼 이제 다른 방법과 새로운 방법으로 접근하여 요즘 트렌드에 맞는 새로운 공부법을 고민해야 한다.

먼저 엄마표 영어가 소개된 20년 전의 아이들과 현재 우리 아이들은 다른 시대를 살고 있음을 인정해야 한다. 요즘 아이들은 대부분 스마트폰을 가지고 있으며, 이런 모바일 기기가 친숙한 만큼 책보다는 영상을 보는 것에 익숙하다. 장래희망 또한 과학자나 의사보다는 유튜브 크리에이터, 연예인, 운동선수가 되고 싶어 한다. 또한 같은 세대여도 각각이 가진 특성이 전부 다르며, 개개인의 다양성이 존중되고 있다.

『90년생이 온다』

최근 크게 화제가 되고 있는 책이다. 이 책은 1980년에서 2000년 사이에 태어나 인터넷을 경험하며 성장한 밀레니얼 세대 중에서도 90년대 생들은 다르다고 말한다. IT 기술의 발전 등 급속한 환경의 변화가 세대 구분을 10년 단위로 더 세분화시키고 있다고 한다.

밀레니얼 시대 이후인 우리 자녀들은 또 다른 세대(Z세대)를 형성하고 있다. 디지털 원주민으로 불리는 이 아이들은 주로 모바일 기기를 사용하고, 동영상을 중심으로 정보를 수집한다. 지식 수용자인 동시에 생산자로, 끊임없이 정보를 활용하고 생산해내며 지식을 재창조하는 것이 가능하다. SNS를 통해 자신의 일상을 불특정 다수와 공유하는 것도 이들의 특성이다.

우리가 양육하고 있는 대부분의 아이들은 밀레니얼 세대와도 확연한 차이를 보인다. 대부분의 부모들은 세대가 변하는 것을 직감하고 있으며, 창의적인 인재와 다양성이 중요하다는 데도 동의하고 있다. 그럼에도 많은 부모들이 아이들 영어 교육에 대해서는 아직도 획일화되고 집단적인 예전의 공부 방법을 고수하고 있다.

아이의 세대가 다르듯 부모는 아이에게 맞는 학습법을 선택하여 최적의 효과를 낼 수 있도록 이끌어줘야 한다. 우리와 다른 시대를 사는 아이들은 부모 세대가 경험한 교육과 같아서는 안 된다.

알렉사, 나랑 영어 공부하자

인간의 지능을 흉내낸 기계 지능을 AI, 즉 인공지능이라고 부른다. 전 세계인의 이목을 끌며 이세돌과의 바둑 대결에서 승리한 알파고AphpaGo, 아마존의 인공지능 음성 비서로 불리는 알렉사Alexa는 우리에게 이미 친숙하다. 인공지능 시대에 살고 있는 우리 아이들은 인공지능 스피커를 통해 모르는 것을 묻고 답을 들을 수 있다.

이를 영어 학습에 활용하는 것도 당연히 가능하다. 인공지능 스피커를 통해 영어를 말하고 듣는 연습을 할 수 있다. 또한 인공지능이 아이가 말하는 것을 듣고 문장과 단어의 취약점을 파악하여 보안하도록 돕는 영어 학습 어플도 있으며, 기술의 발전과 함께 더욱 정교하게 업그레이드되고 있다. 물론 아이들에게 오랜 시간 스마트폰을 활용한 영어 학습을 하라는 뜻은 결코 아니다. 아이에게 DVD나 CD를 틀어줄 수밖에 없었던 예전의 방식을 고수하기보다는 다양한 학습 도구를 활용하여 아이에게 더 잘 맞는 방법을 찾아보라는 의미다.

노하우(knowhow) vs. 노하우(no-how)

대치동 강사 시절, 일란성 자매 쌍둥이를 가르친 적이 있다. 중학생이었던 두 아이는 집에서 과외를 하다가 학교 시험 준비를 위해 학원으로 온 케이스였다. 반 배치고사를 보았는데 한 명은 가장 낮은 반에, 한 명은 가장 높은 반에 배정되었다. 낮은 반에 배정된 아이가 우리 반으로 왔다. 처음에는 이해가 되지 않았다. 일단 겉으로는 성향에 차이가 없어 보였고, 상식적으로 부모님이 두 아이에게 똑같은 시간과 비용을 투자했을 것을 알았기 때문이다. 그런데도 이렇게 두 아이의 실력이 차이가 나는 이유가 궁금했다. 한 달쯤 지나 아이와 친해지고 나서야 아이에게 솔직한 이야기를 들을 수 있었다.

"선생님, 같은 시간 비슷하게 공부했는데 어느 순간 실력 차이가 나더라고요. 저는 영어가 외계어처럼 들리는데, 지유(다른 쌍둥이)는 어떤 말을 하는지 다 이해한대요. 하지만 수학은 지유보다 제가 훨씬 잘해요."

이때까지만 해도, 같은 엄마에게서 거의 한날한시에 태어난 쌍둥이의 성향이 이렇게 다를 수 있구나 하는 걸 이해하는 척하면서도 마음으로는 진심 이해하지 못했다. 내가 쌍둥이를 낳아 키우기 전까지는 말이다. 하지만 성향이 완전히 다른 나의 두 딸을 보면서 확실히 깨달았다. 아이마다 다른 성향을 그냥 그대로 인정하고, 그에 맞는 학습법을 찾아 적용하면 된다는 사실을.

이 쌍둥이 자매의 사례에서처럼 부모가 같은 노력을 하고 같은 방식을 적용해도 언어에 대한 아이의 관심과 노력에 따라 실력은 다르게 나타날 수 있다. 엄마표 영어가 성공했다고 말하는 경우는 다행히 현재의 방법이 아이의 성향과 잘 맞아 영어를 잘 받아들였을 뿐이다.

만약 현재의 엄마표 영어 방식이 맞지 않는 아이라면 다른 방법으로 접근해야 한다. 시간이 지나면 잘할 거라는 막연한 믿음으로 아까운 비용과 시간을 낭비해서는 안 된다. 그 다른 학습법이 기존의 엄마표 영어가 맞지 않는 아이에게는 오아시스가 될 수 있기 때문이다. 막말로 화장품은 피부 타입에 따라 선택하면서 영어 공부는 왜 획일적인 방식으로 시키고 있는가?

아이를 학원에 보낼 때 대부분의 부모들은 그 학원이 현재의 입시 상황에 잘 맞는 커리큘럼을 가지고 있는지, 우리 아이에게 맞는 학원인지 고민하여 선택한다. 앞서 얘기한 대로 시대의 다름과 아이의 다름을 고려한다. 하지만 기존의 엄마표 영어에 대해서만큼은 한 치의 의심도 없이 따르며, 아이들의 발달 과정에 따라 습득하는 능력은 비슷할 것이라고 생각한다. 그렇다 보니 아이가 기대만큼의 성과를 내지 못했을 때 엄마 자신이나 아이를 탓한다. 엄마 또한 관심 분야, 잘하는 분야가 다르듯 아이들도 관심 분야가 있고, 잘하는 분야가 있다는 것을 잊지 말자.

엄마표 영어의 실패는 아이의 문제도 아니고, 엄마의 문제는 더더욱 아니다. 아이마다 다 다르기 때문에 다른 결과가 나올 뿐이다. 획일적으로 받아들인 엄마표 영어 노하우knowhow가 우리 아이에겐 노하우no-how가 될 수도 있다는 사실을 명심하자.

04
엄마표 영어
거부 증후군

아이와 엄마의 동상이몽

"선생님, 영어 안 하면 안 되나요?"

"음, 하기 싫으면 안 해도 돼."

"정말요?"

"응, 그런데 영어가 왜 하기 싫어?"

"선생님, 그거 아세요? 하기 싫은 것을 매일매일 억지로 해야 하는 기분이요. 친구들이 놀자고 해도, 일찍 자고 싶어도, 엄마가 정해 놓은 영어 공부 양이 있거든요. 그걸 채우지 않으면 엄마 잔소리가 심해져요. DVD에서 무슨 말을 하는지도 모르겠는데 계속 들으라 하고, 책의 내용도 모르겠는데 읽으라 하고……. 그러면 언젠가는 그 뜻을 이해할 수 있다면서 매일 같은 공부를 시켜요."

엄마와 오랫동안 영어 공부를 한 아이가 나에게 속마음을 털어놓았다. 엄마와 영어 공부를 하면서 가장 싫었던 것은 다른 친구와의 비교라고 했다. "다른 친구들은 엄마랑 3년 동안 영어 공부를 하니까 귀도 뚫리고 책도 읽는데 너는 왜 계속 제자리냐"는 비교였다. 그럴 때마다 아이는 영어가 너무 어렵고, 자기가 똑똑하지 못하다는 생각이 들었다고 한다.

아이의 이런 마음은 아는지 모르는지 상담하는 내내 부모님은 아이가 요즘 통 영어 공부를 하지 않는다면서 그동안 공부한 것을 잊어버릴까봐 불안해했다. 그러면서 이제 아이에게 큰 욕심이 없다는 말과 함께 현재 수준만 유지하면 좋겠다고 덧붙였다. 아이가 엄마와 영어 공부를 하는 과정에서 받은 상처 때문에 영어를 거부하고 있는 상황인데도 엄마는 그 심각성을 크게 인식하지 못하고 있었다.

아이들의 영어 트라우마

아이 교육에 조금이라도 관심이 있는 부모 가운데 영어를 잘하는 다른 아이들의 모습을 보고 '저 아이는 잘하는 아이구나'라고 하며 그냥 지나치는 사람은 거의 없을 것이다. 그 아이와 부모를 통해 알아낸 정보를 자신의 자녀에게도 적용하기 위해 노력할 것이다. 문제는 이 과정에서 영어에 대한 심한 거부 증상이 온다는 것이다.

영어를 못하는 아이를 가르치는 것은 어렵지 않다. 기초부터 탄탄히 잡아주면서 함께해 나가면 되기 때문이다. 하지만 영어에 대한 부정적인 인식이 생겼거나 거부감이 있는 아이에게 다시 영어를 받아들이게 하고 교육시키는 것은 몇 배의 노력과 시간이 드는 일이다. 마음을 움직여야 하기 때문이다. 최근에는 심리 치료를 권유해야 할 만큼 영어 학습에 대한 엄마와의 트러블이 강한 경우도 많다. 만약 내 아이가 이런 상황이라면 현재 진행하고 있는 영어 교육 방법이 아이에게 심한 영어 거부감을 일으키게 하는 것은 아닌지 진지하게 고민해봐야 한다.

영어에 거부감을 보이는 또 다른 경우는 부모님이 학습하여 아이를 직접 가르치는 케이스다. 아이에게 단순히 영어를 노출시키는 것을 넘어 부모 스스로 공부하여 아이를 가르치려고 하는 엄마들이 많다. 영어를 배우고 싶어 하는 부모님들과 상담해보면 아이의 말하기 능력 향상을 위해 영어로 대화하거나 영어로 된 책을 읽어주고 싶다고 말하는 경우가 많다. 엄마가 공부하는 것은 아이에게도 좋은 영향을 주는 만큼 영어 공부 자체는 나쁘지 않다. 문제는, 아이들에게 계속해서 영어를 강요하는 데 있다.

"엄마도 노력하니까 되더라. 우리 같이 해보자."

"이럴 때는 이렇게 말해야 하는 거야. 그렇게 하면 안 돼."

"어제 했던 거잖아. 동사를 과거형으로 만들어보자."

아이들과 상담해보면 아이들은 엄마의 이런 태도를 긍정적으로 받아들이기보다는 부정적으로 받아들이는 경우가 훨씬 많다.

"솔직히 엄마 발음을 못 알아듣겠어요. 그런데 제가 못 알아들으면 아직도 모르냐고 화를 내요."

"엄마가 한국어 책을 읽어줄 때는 진짜 재미있는데, 영어책을 읽어주면 짜증나요."

"어느 순간 엄마랑 영어 경쟁을 하는 느낌이 들어요. 엄마랑 경쟁하고 싶지 않은데……."

부모들은 자녀가 영어(책)를 좋아하길 바라는 마음으로 영어책을 최대한 많이 읽어주려고 노력한다. 엄마가 영어책 읽어주는 시간이 좋은 아이도 있겠지만 그렇지 않은 아이도 많다. 한국어로 된 책과 영어로 된 책 중에 어떤 것을 읽어줄까 하고 물으면 대부분의 아이들은 한국어 책을 선택할 것이다.

엄마의 생각과 아이들의 생각은 왜 다를까? 답은 간단하다. 엄마는 이미 모국어인 한국어 책에 대한 어휘와 느낌을 충분히 이해하고 있기 때문이다. 그래서 한국어로 된 책은 재미있게 읽어줄 수 있고, 아이와 자연스럽게 이야기를 확장해가는 것도 가능하다. 하지만 영어에 익숙하지 못한 엄마가 읽어주는 영어책은 다르다. 읽는 것 자체도 자연스럽지 못할뿐더러 책에 있는 재미있는 요소들을 제대로 전달하지 못할 가능성이 크다. 이는 오히려 아이들에게 영어책에 대한 흥미를 잃게 만드는 역효과를 가져올 수 있다. 아이들의 가장 가까운 존재인 엄마들이 영어 선생님이 되거나 영어 학습의 리더가 되는 것이 오히려 아이와 엄마를 멀어지게 할 수 있다는 말이다. 그리고 안타깝게도 이는 영어에 대한 반감이나 거부증으로 이어진다.

그 누구도 드러내지 않는, 엄마들의 상처

"선생님, 솔직히 말하면 실패했어요. 돈은 돈대로 쓰고 부작용만 났어요. 괜찮다고 소문난 엄마표 영어 모임에 다니고, 좋다는 교재는 다 사보고. 싫다는 아이를 설득해 공부시킨 결과가 이런 부작용을 남길 줄은 생각도 못했어요. 제가 노력을 멈추지 않으면 아이가 다시 영어를 좋아하게 될 줄 알았어요. …… 우리 아이는 아무래도 안 되겠다고 인터넷에 올려봤자 '부모가 나약해서 그렇다', '끝까지 해보지도 않고 포기한다'는 말만 들을 게 빤하죠. 아이의 실패도 실패지만 이제 제가 지쳤어요. 저 때문에 실패한 것 같아서 죄책감이 듭니다. 그때 멈췄어야 했어요. 결국 아이와 저 둘 다 상처만 남았어요."

결국에 학원에 보낼 거였는데 왜 그렇게 아이에게 영어를 강요했는지 모르겠다며 엄마는 다른 부모들에게 엄마표 영어가 안 되면 다른 방법을 생각해봐야 한다고 말했다. 계속했다가는 아이와의 관계만 나빠진다며 자신의 실패 사례를 상담에 꼭 사용해 달라는 말도 덧붙였다. 아이는 영어에 대한 심한 거부감으로 영어로 된 DVD를 보는 것조차 싫어하는 상황이라고 했다.

얼마 전 인터넷을 보다가 충격을 받았다. 엄마표 영어의 최고 조합은 '순한 아이와 독한 엄마의 조합'이라는 말 때문이었다. 부모가 포기하지만 않으면 언젠가는 효과가 나타날 것이라는 주장이었다. 부모의 끈기 부족과 나약함 때문에 엄마표 영어가 실패한다고 하며, 그 부모를 질책하는 사람도 적지 않았다.

 부모가 끈기 있게 주도해 나가도 아이가 받아들이지 않으면 실패하는 것이 언어다. 이런 말은 성공하지 못한 엄마들에게 상처를 남기고, 새로운 학습 방법으로 진화하지 못하게 만든다. 이렇듯 상처만 남은 엄마표 영어 사례가 개선된 방법으로 나아가지 못하고 있는 현실이 안타깝다.

 사실 '엄마표 영어'라는 말 자체가 엄마들 마음에 큰 짐을 지우고 있다. 엄마라면 반드시 해야만 할 것 같고, 성공하지 못하면 엄마 때문인 것처럼 느끼게 만들기 때문이다. 하지만 엄마표 영어의 책임자는 엄마가 아니다. 아이와의 상호 작용, 진행 방법, 그리고 위기가 왔을 때 해결책을 잘 몰라서 생기는 문제다. 그런 의미에서 제안한다. 이제 자녀 영어 교육에 있어서 엄마의 역할에 대해서 다시 생각해보자. 그리고 '엄마표 영어'란 용어도 한번 바꿔보는 것은 어떨까?

2장

엄마표 코칭의 기적

01
엄마표 영어의 진화, 엄마표 코칭

욕심을 버리면 길이 보인다

지금까지 기존 엄마표 영어에 대해 우리가 놓치고 있는 부분들을 살펴보았다. 객관적으로 입증되지 않은 소수의 성공 사례를 보며 어렵고 힘든 학습법을 맹목적으로 따라하는 엄마들의 사례가 많았다. 그 과정에서 상처받는 아이와 엄마, 정작 중요한 것은 놓치고 있는 엄마의 모습을 보았다.

그 엄마들을 보며 나 자신을 되돌아보았다. 나 역시 그들과 다르지 않았다. 오랜 시간 영어를 가르치면서도 내 아이를 낳고 기르며 영어 학습에 대해 연구하기 전까지는 그들과 똑같이 생각했다. 어렸을 때부터 아이에게 영어를 많이 들려주고 보여주고 최대한 노출시키면 된다고 믿었다. 영어 또한 모국어처럼 습득해야 한다는 이론을 굳게 믿으며, 우리 아이들도 그렇게 가르쳐야겠다고 다짐했다. 다른 아이들은 안 돼도 우리 아이들은 가능할 거란 오만한 생각도 했다. 물론 대단한 착각이었다.

영어 조기교육은 필요 없다고 생각하면서도 나는 우리 아이들이 8살이 되기 전에 이따금씩 영어에 노출시켜 보곤 했다. 하지만 아이들은 내가 영어로 말하거나 영어 CD를 틀어주거나 영어책을 읽어주려고 하면 거부했다. CD플레이어를 꺼버리거나 읽어주던 영어책을 덮고 한국어 책을 가져와서 읽어달라고 했다.

지금 생각해 보면 당연한 반응이었다. '아'와 '어'조차 제대로 구분하지 못하는 아이들에게, 아직 한국어도 익숙지 않은 아이들에게 이중 언어를 하게 한다는 것은 욕심이었다. 엄마인 당신에게 누군가가 왜 해야 하는지도 모르고 익숙하지도 않은 베트남어나 러시아어를 하루에 3시간씩 공부하라 했다고 가정해 보라. 이때 기분이 어떨지를 상상해 보면 아이들의 심정을 조금이나마 이해할 수 있지 않을까?

엄마표 코칭 영어가 궁극적으로 지향하는 것

이제부터 소개하는 '엄마표 코칭 영어'는 내가 쌍둥이 자매를 키우면서 오랜 시간 고민하며 적용한 학습 방법이다. 우리나라 영어 환경의 현실을 인정하면서 최소한의 시간과 노력으로 최대한의 효과를 낼 수 있었던 영어 학습법이라 자부한다.

앞에서도 밝혔듯 나는 쌍둥이 자매를 키우는 엄마인 동시에 대학원에서 영어 교육을 전공하고 오랜 영어 강사 생활과 상담을 통해 다양한 사례를 접한 영어 전문가다. 그 경험을 통해 엄마표 영어에 대해 좀 더 현실적이고 적합한 아이디어를 발견할 수 있었다. 그 아이디어들을 내 아이들과 다른 여러 아이들에게 적용하여 얻은 노하우가 이 책에서 말하는 엄마표 코칭 영어의 핵심이다.

내가 '엄마표 영어'라는 용어에 '코칭'이란 단어를 붙인 것은 엄마표 영어가 조금은 너그러워졌으면 하는 바람에서다. 다시 말해, 선수들을 지도하는 코치처럼 엄마가 내 아이의 상태와 영어 학습 환경을 객관적으로 보고 다양한 솔루션을 처방했으면 한다. 엄마는 코치, 아이는 선수라는 점을 인정하고 아이가 주도하되 엄마는 따뜻한 지원자가 되는 것이 내가 지향하는 엄마표 코칭 영어의 이상적인 모습이다. 기존 엄마표 영어를 부정하는 것이 아니라 엄마표 영어의 장점은 살리고, 엄마들이 잘 모르거나 실수할 수 있는 부분은 보강하여 엄마표 영어가 더 꽃피울 수 있게 하자는 것이 내가 이 책에서 궁극적으로 말하고 싶은 것이다.

하지만 엄마표 코칭 영어는 영어 환경에 대한 인식, 영어를 시작하는 시기와 방법 등에서 기존의 엄마표 영어와는 분명 차이가 있다. 기존의 엄마표 영어를 진행하면서 어려움이 있었거나 기대한 만큼의 성과를 내지 못했다면 이제부터는 엄마표 코칭 영어를 통해 아이의 영어 실력이 도약할 수 있게 해주면 된다.

엄마표 영어 vs. 엄마표 코칭 영어

기존 엄마표 영어와 엄마표 코칭 영어의 가장 큰 차이점은 목표와 영어 학습 환경에 대한 인식이다. 기존의 엄마표 영어는 '영어를 잘하는 아이'를 목표로 모국어처럼 영어를 습득하기 위해서 ESL 환경을 만들어주는 데 집중한다. 반면 엄마표 코칭 영어는 현실적으로 ESL 환경을 만들기 어렵다고 인정하면서 EFL 환경에서 '영어 스트레스 없이 꾸준히 자기 주도 학습을 할 수 있는 아이'로 성장하는 것을 목표로 한다. 즉 ESL 환경을 만들어주기 위해 하루 3시간 이상 공부하는 것이 아니라 시간은 짧더라도 정확

엄마표 영어 vs. 엄마표 코칭 영어

구분	엄마표 영어	엄마표 코칭 영어
목표	· 영어를 모국어처럼 잘하는 아이	· 영어에 스트레스가 없는 아이 · 자기 주도 학습이 가능한 아이
개념	· ESL 환경을 만들어주면 모국어처럼 영어 습득 가능 · 유아/유치기 때 시작하면 이중 언어 구사 가능	· 한국은 EFL 환경임을 인정하고 효율적 학습 추구 · 유아/유치기는 모국어 기반 사고력 확장이 중요한 시기
시작 시기	· 모국어처럼 받아들이도록 빠를수록 좋음	· 모국어를 일정 수준 확립한 뒤에 시작
학습 방법	· 모국어 습득 과정처럼 인풋(듣기/읽기)에 집중 · 아웃풋은 어느 순간 폭발한다고 믿음	· 인풋과 함께 아웃풋(말하기/쓰기) 병행 학습 필수
학습 리더	· 엄마(책 읽어주기, 영어 들려주기)	· 아이 주도 학습 · 엄마는 코치/멘토 역할 추구
학습 결과	· 결과가 천천히 나타남 · 영어 구사 능력	· 빠른 결과 확인 가능 · 영어+공부머리 키우기
고려 요소	· 유아/유치기에 많은 시간 영어 투자에 따른 부작용	· 유아/유치기 때 충분한 모국어 확립 과정(독서) 필요

한 방식으로 최소한의 시간만 공부해 최대한의 효과를 얻는 방법이다.

목표와 환경 인식이 다르기 때문에 학습 시작 시기도 다르다. 엄마표 영어는 영어를 모국어처럼 받아들이는 것이 좋다는 입장인 만큼 학습 시작 시기가 빠르면 빠를수록 좋다고 한다. 하지만 엄마표 코칭 영어는 모국어가 일정 수준 이상(8세 이상) 발달되고, 영어에 대한 확실한 학습 동기가 있을 때 시작해도 늦지 않다고 생각한다. 모국어가 잘 발달된 아이의 경우 늦게 시작해도 더 빨리 영어를 습득할 수 있다. 이는 '외국어 수준은 모국어 수준을 뛰어넘을 수 없다'고 말하는 최근 논문들에 바탕을 두고 있다. 빨리 시작한다 한들 모국어 수준이 특별히 뛰어나지 않은 이상 외국어 발전 속도는 더딜 수밖에 없다. 오히려 빠른 시작으로 인해 모국어나 다른 중요한 것을 학습할 기회를 놓칠 수 있고, 언어 혼란을 가중시킬 수도 있으므로 모국어를 확실하게 확립하는 것이 더욱 중요하다는 입장이다.

학습 방법에서도 다독이 엄마표 영어의 핵심이었다면 엄마표 코칭 영어는 영어의 기초를 세우는 정독의 중요성을 강조한다. 뼈대가 없는 다독은 결국 모래성과 같아서 어느 순간 무너질 수밖에 없다. 또한 많은 시간 흘려듣기와 집중듣기를 강조한 엄마표 영어와는 다르게 엄마표 코칭 영어는 이미 학습한, 그리고 이해 가능한 것들을 집중적으로 듣고 따라해야 한다는 입장이다. 잘 모르는 것은 잘 들리지 않는 만큼 이해 가능하지 못한 흘려듣기는 어떤 아이들에게는 소음일 수 있다. 모르는 문장과 단어가 어느 순간 들리게 하기 위해서는 많은 시간이 소요된다. EFL 환경에서는 무작정 많이 듣는 것이 효율적인 방법은 아니다.

엄마표 코칭 영어는 많이 듣는 학습법을 넘어서서 아웃풋OUTPUT 학습법, 즉 배운 것을 활용하여 말하고 사용하는 학습법을 지향한다. 언어를 배우는 최종 목적은 말하고 표현하기 위함인 만큼 배운 내용을 말로 표현하는 것이 가장 중요하다.

학습을 주도하는 사람에 있어서도 두 가지가 다르다. 기존 엄마표 영어는 아이가 어린 나이에 시작하기 때문에 자연스레 학습 리더는 엄마가 되고, 엄마 주도로 학습이 이루어진다. 하지만 코칭 영어의 리더는 아이로, 엄마는 코치나 멘토 역할만 수행하면 된다. 엄마만 포기하지 않으면 언젠가 효과가 폭발할 거라 믿는 기존의 엄마표 영어와는 달리 코칭 영어는 결과가 비교적 빠르게 나타난다. 무엇보다 단순한 영어 공부를 넘어서서, 아이 스스로 자기 주도 학습을 하고 공부 머리를 길러주는 것을 지향하기 때문에 입시나 평생 학습에서도 효과가 유지될 수 있다. 이것이 바로 엄마표 영어와 엄마표 코칭 영어의 차이점이다. 이 두 가지 방식의 차이점을 이해한다면 왜 내가 '코칭'의 역할을 강조하는지 공감할 것이다.

그럼 이제부터는 8살 때 영어를 처음 시작, 1년 반에 원서를 척척 읽는 수준으로 성장한 우리 쌍둥이 자매의 이야기와 함께 6개월간 영어를 준비하고 국제학교에 진학해 빠른 적응력을 보여주면서 4년간 현지 생활을 한 친구보다 우수한 영어 실력을 뽐낸 아이의 비결을 공개하려고 한다. 영어 조기교육으로 인한 상처로 영어 자체를 거부했던 아이가 영어를 좋아하고 상처를 극복해 나가는 과정도 들려줄 것이다. 이 아이들의 이야기를 통해 엄마표 코칭 영어의 필요성을 느낄 수 있기를 기대한다.

02
'Hello' 밖에 모르던 쌍둥이, 1년 반 만에 '해리포터'를 읽다

내가 아이들의 영어 공부를 미룬 진짜 이유

"자기 자식을 어떻게 가르쳐."

대부분 부모들이 한 번씩은 해본 말일 것이다. 학생을 가르치는 직업을 가진 선생님들이 내뱉는 말이기도 하다. 그만큼 누군가를 가르치는 일이 힘들고, 특히 자신의 자녀를 가르치면서 겪는 고통을 알기에 하는 말일 것이다. 선생님이기 전에 엄마인 만큼 자녀를 직접 교육하다 보면 어려움을 겪는 것은 똑같다. 기대치가 있고, 그러다 보니 답답한 마음에 목소리를 높이게 된다. 그래서 영어 강사들 중에서도 자녀의 영어 학습을 위해 아이를 외국에 보내거나 다른 선생님께 맡기는 경우가 생각보다 많다.

실은 나도 때가 되면 아이들을 학원에 맡기고 싶었다. 내 아이들을 가르치면서 과연 내 감정이 잘 조절될까 하는 의문과 두려움 때문이었다. 내가 7살까지 영어를 가르치지 않으니 남편은 남의 아이들만 열심히 가르치고 정작 우리 아이들은 신경 쓰지 않을 생각이냐며 비아냥대는 말도 여러 번 했다. 그때마다 나는 늘 "아직은 때가 아니야. 지금은 국어를 최대한 높은 수준까지 끌어올리는 것이 중요해"라고 말하며 기다려줄 것을 부탁했다.

내가 이렇게 확신할 수 있었던 이유는, 강사 활동을 하면서 깨달은 바가 있었기 때문이다. 더 정확하게 말하자면, 길게 봤을 때 '영어의 시작 시기가 아이의 최종 실력을 좌우하지 않는다'는 경험적 확신이 있었다. 모국어가 잘 발달된 아이일수록 영어 실력이 모국어 실력만큼 높아지고, 모국어가 잘 발달된 아이일수록 사고 수준도 높아서 영어 입시 평가에서 좋은 성과를 내는 경우를 많이 보았다. 이 모든 것을 고려했을 때 내가 생각하는 우리 아이들의 영어 시작 시점은 '최대한 빨리'가 아닌 '모국어가 어느 정도 확실히 자리 잡히고, 영어를 배우고 싶어 할 때'였다.

내 아이들은 내가 직접 가르친다

쌍둥이가 초등학교에 입학하면서 나는 우리 아이들이 영어 거부감이 사라졌다고 판단했다. 이에 아이들을 데리고 한 초등학생 전문 영어 학원을 방문했다. 학원에 들어가기 위해 레벨 테스트를 보러 간 것이었는데, 거기서 충격적인 이야기를 들었다.

"어머님, 죄송하지만 쌍둥이들은 저희 학원에서 수업 받기가 힘들 것 같아요. 영어 공부를 좀 더 시켜서 다시 와주세요."

아무리 기대하지 않았다지만 충격스러운 마음은 숨길 수 없었다. 쌍둥이는 그렇게 레벨 테스트조차 받지 못하고 학원을 나와야 했다. 그동안 아이들이 받은 영어 교육이라곤 어린이집에서 공통적으로 받은 수업이 전부였다. 한마디로 알파벳 노래 정도 부를 수 있는 수준이었다. 하지만 그 학원의 레벨 테스트는 영어 듣기는 물론 영어로 된 문제를 읽고 독해하여 답을 찾아야 하는 정도를 요구했다. 내가 입시 영어 교육 현장에 있으면서 체감하지 못했던 유아 영어 교육 시작 시점이 점점 밑으로 내려갔구나 하는 것을 처음으로 실감한 날이었다.

"여덟 살인데 벌써 영어를 읽고 쓴다고? 영어로 된 시험지를 풀어야 한다고?"

마음속으로 많은 생각을 하며 학원을 나왔다.

"엄마, 우리 이 학원 못 다녀? 우리 못 들어간대?"

아이들의 질문에 나는 대답 대신 "우리 아이스크림 먹으러 갈까?"라며 말을 돌렸다.

'내가 가르칠 거야! 우리 쌍둥이들 일 년 뒤엔 여기 다니는 그 어떤 아이보다 영어를 잘하고 즐거워하는 아이로 키우겠어!'

상처 아닌 상처를 받은 그날 결심했다. 그리고 다짐했다. 내가 직접 쌍둥이에게 영어를 가르치겠다고.

영어 교육 대학원에 다시 가다

쌍둥이를 직접 가르치겠다는 결심을 한 뒤 나는 휴학 중이던 영어 교육 대학원에 다시 들어갔다. 수능 강의를 전문으로 하던 사람이 어린 아이들을 가르치려고 하니 그동안의 경험, 주변 선생님들의 조언, 책에 들어 있는 정보만으로는 부족하다는 생각이 들었다.

그렇게 대학원에 입학하여 아이들을 가르치면서 도움이 될 만한 논문들과 사례를 수없이 읽고 또 읽었다. 우리 아이들에게 최적화된 방법들을 찾기 위해서였다. 쌍둥이를 직접 가르칠 생각이 없었을 때는 어렵고 고리타분했던 이론들이 어느 순간 다르게 보이기 시작했다. 그렇게, 도움이 될 만한 이론과 논문 내용을 아이들에게 하나하나 적용했다.

쌍둥이를 직접 가르치기로 마음먹으면서 내가 궁극적인 목표로 삼은 것은 '스스로 공부하는 습관 만들기'였다. 많은 부모들이 그렇듯 나 역시 아이들에게 물고기를 잡아주는 것이 아니라 물고기 잡는 법을 알려주고 싶었다. 이는 아이들을 위한 것이기도 하지만 나를 위한 것이기도 했다. 엄마인 내가 직접 가르치다 보면 아이들에게는 엄마가 선생님이 되는 상황이 발생한다. 의도와 다르게 나와 아이들의 관계가 나빠질 수도 있다는 의미였다. 아이들에게만큼은 한없이 다정하고 포근한 엄마이고 싶지 엄격한 선생님이고 싶지는 않았다. 게다가 언어는 끝이 없는 공부다. 스스로 즐기지 않으면 한계에 부닥칠 수밖에 없다는 것을 누구보다도 잘 알고 있었다. 아이들에게 영어를 가르치지 않고 스스로 공부할 수 있는 틀을 마련

해주는 것을 목표로 삼은 이유다.

그러나 세상에서 노는 게 제일 좋은 뽀로로 같은 우리 아이들에게 기존의 엄마표 영어 학습 방법을 그대로 적용하는 것은 쉽지 않았다. 아니, 불가능했다. 하루 3시간을 영어에 투자해야 한다니! 나는 영어도 중요하지만 맘껏 뛰어 놀고, 책을 읽고, 스스로 사고하는 시간을 갖는 것이 더 중요하다고 생각한다.

고민에 들어갔다. '최소한의 시간을 투자해 최대의 효과를 낼 수 있는 방법을 찾아야 한다. 대한민국 평균 수준인 우리 아이들에게 맞는 방법이 없을까?'

1년 반의 고민 끝에 답을 찾다

쌍둥이와 같은 1학년 반에는 이미 영어를 오래전부터 공부하고 있는 아이들이 있었다. 그런 친구들이 부러웠던 걸까? 영어 학원에서 거절을 당하고 나온 지 몇 달이 지난 어느 날, 쌍둥이가 먼저 영어를 배우고 싶다고 했다. 그 말을 듣고 나는 'hello'밖에 할 줄 모르는 아이들을 앞에 앉혀 놓고 학습 계획을 세웠다. 영어를 가르치기로 마음먹으며 목표로 삼은 '스스로 공부하는 습관'을 향한 첫걸음이었다.

1학년 아이들을 불러놓고 할 수 있는 이야기는 많지 않았다. 가장 먼저 "얘들아, 영어를 잘하게 되면 어떤 책을 영어로 가장 읽어보고 싶니?"라고 물었다. 쌍둥이들은 한국어 책으로 재미있게 읽은 『26층 나무집』『윔프키드』와 영화로 즐겁게 보았던 『해리포터』라고 대답했다. 이렇게 아이들과 함께할 영어 학습 목표가 세워졌다.

두 번째로 한 일은 공부하고 싶은 교재를 선택하는 일이었다. 일단 내가 먼저 아이들의 영어 성취도를 확인하며 공부할 수 있는 메인 교재를 찾았다. 그중 중학교 레벨까지 다양하게 짜여 있는 코스로 구성된 교재를 찾았다. 아이들도 그림이 귀엽고, CD 음원도 재미있다며 교재를 마음에 들어했다. 이와 함께 원서의 정확한 이해를 돕기 위해 읽기 교재도 함께 진행했다. 쌍둥이가 그 교재를 끝낸다면, 완벽하지는 않아도 아이들이 보고 싶어 하는 원서는 큰 어려움 없이 읽을 거란 확신이 들었다.

그리고 대략 1년 반이 되던 시점에 쌍둥이와 나는 목표로 했던 메인 교재와 읽기 교재를 모두 끝냈다. 더불어 영어지식이 쌓인 쌍둥이는 그동안 원하는 원서들을 재미있게 읽을 수 있는 수준으로 변해 있었다. 아이들은 1년 반 동안 여러 번의 '임계점'을 넘었고, 그때마다 힘들어 하면서도 스스로 발전된 모습에 행복해했다. 쌍둥이는 한국어로만 읽던 책들을 영어로 읽을 수 있다는 사실에 무척 고무돼 있었다.

내가 여기서 임계점이란 표현을 쓴 데는 이유가 있다. 물은 99도에서 끓지 않는다. 99도까지 이르는 데도 많은 시간이 걸리지만 마지막 1도를 높여서 100도가 돼야 비로소 끓기 시작한다. 영어도 마찬가지다. 마지막 1도를 올리는 그 시점이 가장 어렵고, 여기서 포기하는 경우가 많다. 영어 학습에서는 비약적으로 실력이 증가하기 전까지 여러 번의 임계점이 있다.

이 임계점을 슬기롭게 극복한 아이만이 성취감을 느끼면서 더 높은 단계로 올라갈 수 있다.

메인 교재를 여러 번 반복하고 많은 문장들을 자연스럽게 익히게 되면서 쌍둥이는 1년 여가 지난 후에는 자막 없이 어린이용 만화를 보게 되었다. 외국에 나가 소통을 하는 데도 문제가 없었다. 외국으로 간 휴가에서 리조트의 키즈클럽에 쌍둥이를 맡겼는데 아이들이 자연스럽게 선생님과 이야기하고 엄마 아빠와 헤어지는 것을 두려워하지 않으니 한 엄마가 다가와 물었다.

"아이들이 어렸을 때부터 영어를 배웠나요?"

"아니요, 배운 지 일 년 됐어요."

"정말요? 우리 아이는 다섯 살 때부터 했거든요. 배운 지 사 년이나 됐는데 아직……"

아이들이 키즈클럽에서 외국 친구를 만났고, 저녁에 그 친구들을 다시 만나서 놀기로 했다고 말하는 순간, 나는 확신했다. 한국에서 영어를 익히는 데 있어 시간보다 중요한 것은 효율적인 방법이라는 것을. 그리고 내 방법이 틀리지 않았다는 것을.

03

6개월 만에 국제학교 TOP을 찍다

주어진 시간은 6개월, 과연 가능할까?

수인(가명)이는 초등학교 2학년인 우리 쌍둥이 중 한 아이와 단짝 친구였다. 내가 쌍둥이를 가르친 방법으로 다른 아이들도 지도해 보겠다고 마음먹고 얼마 지나지 않아 수인이를 만났다.

"선생님, 육 개월 뒤에 아이 아빠의 직장을 따라서 중국으로 가야 해요. 시간이 촉박한데 남은 기간 동안 준비해서 국제학교에 들어갈 수 있을까요? 짧은 시간에 어떻게 준비해야 할지 막막해요."

아빠의 갑작스러운 해외 발령으로 아이의 친구 엄마에게 다급한 연락을 받았다. 간단한 영어 단어 정도만 알고 있는 수인이의 영어 실력을 단기간에 향상시켜 국제학교 수업을 따라갈 수 있을 정도로 만들어달라는 간절한 부탁이었다.

　그러면서 수인이 엄마는 학창시절을 대치동에서 보낸 자신이 가장 경계하는 것은 '번아웃'이라고 덧붙였다. 그래서 수인이에게는 한글을 비롯하여 초등학교 들어가기 전까지 의도적으로 특별히 시킨 공부가 없다고 했다. 다만 책에 흥미를 갖게 하기 위해 책을 많이 읽어주었다고 했다. 그렇게 수인이는 한글도 스스로 깨우치고, 읽고 쓰고 말하는 것 모두 '학습'이 아닌 '책'과 '엄마와의 대화 및 놀이'로 깨우쳤다.

　그러면서 수인이 엄마는 영어도 마찬가지라고 생각한다고 했다. 그러나 예상했던 것과는 달리 영어는 한글과 달리 생활 속에서 익힐 수 있는 게 아니었다. 영어책을 많이 읽어줬지만 기대한 만큼 실력이 늘지 않았다. 영어CD를 들으며 함께 노래를 부르고, 영어 단어 카드를 보며 퀴즈를 맞추는 등 놀이도 많이 해봤지만 영어 실력과는 상관이 없었다. 초초한 것이 당연했다.

　수인이 어머니와 상담을 마친 뒤 나는 수인이를 불러 앞으로 수업을 어떻게 진행해 나갈 것인지 간단히 설명했다. 그러고는 내가 직접 만든 스터디 플래너를 전달했다(스터디 플래너에 관한 내용은 5-2 참조). 그런 다음 다시 수인이 엄마를 만나 영어 학습에서 가장 중요한 '엄마의 역할'에 대해 말해주었다. 사실 이때까지 수인이 엄마는 별로 큰 기대를 하지 않는 듯했다. 당연했다. 6개월 밖에 남지 않은 상황에서 엄마의 역할을 강조하는 내가 이해될 리가 없었다. 수인 어머니의 반신반의한 표정을 뒤로하고 나는 계획을 짜기 시작했다.

국제학교 진학을 위한
3가지 맞춤 학습

수인이는 우리 쌍둥이와는 상황이 달랐다. 하지만 나는 내 아이들을 가르치며 얻은 노하우에 대한 확신이 있었다. 시간이 얼마 주어지지 않은 수인이에게 이 방법이 얼마나 효과적인지 확인해볼 수 있는 좋은 기회라고 생각했다. 다행인 것은, 수인이가 책을 좋아하고 상당한 수준의 모국어 학습이 되어 있는 아이라는 것이었다. 내가 수인이를 가르치기 위해 중점을 둔 부분은 크게 3가지였다.

1) 아이에게 맞는 맞춤 교재를 선택할 것
2) 국제학교에 빠르게 적응하기 위해 수업에 필요한 단어들을 반복하여 익숙해지도록 지도할 것
3) 6개월 뒤에는 함께할 수 없으니 스스로 학습으로도 성과를 낼 수 있는 공부법을 알려줄 것

나는 효과적인 영어 공부의 첫걸음은 공부의 목적을 확실히 정하고, 아이의 성향에 맞는 교재를 선택하는 것이라고 생각한다. 수인이의 경우에는 시간이 많지 않았기 때문에 즐겁게 따라할 수 있는 여러 권의 교재를 한꺼번에 시작했다. 그리고 조금 실력이 쌓였다 싶은 시점에는 국제학교에 들어가야 하는 상황을 고려하여 미국 교과서의 내용을 반영한 교재로 수업을 진행했다. 그때그때 아이의 의견을 반영하여 즐거워하는 교재로

는 진도를 빠르게 진행하고, 재미있어 하지 않는 교재의 경우에는 과감하게 중단했다. 시행착오를 최소화해야 하는 만큼 아이의 흥미를 최우선으로 삼았다.

흥미로운 교재는 아이의 레벨을 단숨에 끌어올려 주었다. 나와 수업을 진행한 지 3개월쯤 된 어느 날 수인이 엄마에게 "기적이 일어났다"며 연락이 왔다. 아이의 회화 레벨이 궁금했던 수인이 엄마가 전화영어 테스트를 보게 했는데, 2년 정도 학습한 정도의 레벨이 나온 것이다.

두 번째는 국제학교에 들어가야 하는 수인이의 상황에 맞춰 일반 회화보다 읽기 중심으로 단어의 레벨을 최대한 높여가는 방식으로 수업을 진행했다. 외국에 나가는 아이의 부모님은 대부분 자신의 아이가 학교에 가서 한마디도 못하는 것은 아닌가 두려워한다. 그렇다 보니 회화에 집중하는 경우가 많은데, 나는 과감하게 다른 방식을 투입했다.

사실 한국에서 준비하는 1년 정도의 회화 연습은 아이들이 외국에 나가 한 달도 채 안 되어 익힐 수 있는 수준이다. 쓰는 말이 대부분 정해져 있기 때문이다. 아이가 국제학교에 가서 잘 적응할 수 있느냐 없느냐, 좋은 성적을 낼 수 있느냐 없느냐는 결국 '높은 단어 수준'에 의해 결정된다. 전혀 모르는 문장을 듣고 이해하기 위해서는 많은 시간이 소요되지만 알고 있는 단어를 들으면 습득할 수 있는 시간이 그만큼 빨라진다. 당연한 말이지만, 아는 만큼 더 잘 들리고 더 빨리 성장한다. 국제학교를 준비하는 아이에게 단어는 전쟁에 나가는 병사의 총알이나 다름없다.

따라서 수인이와 어느 정도 공부를 진행한 시점에서는 미국교과서를 공부하기 시작했다. 아이는 지금 당장 사용할 것도 아닌 단어를 배우는 것을 힘겨워하면서도 점점 실력이 붙는 자신의 모습에 매우 뿌듯해했다. 어려운 단어들을 접하다 보니 상대적으로 쉬운 단어는 더 빠르게 익혔고, 다른 어려운 단어를 보아도 쉽게 받아들였다.

어느새 6개월이 지나 떠날 시점이 되었고, 수인이는 수학·과학·사회 시간에 곧 마주할 많은 영어 단어들에 꽤 익숙한 수준으로 성장해 있었다. 그렇게 익힌 단어들은 학교 수업에서는 물론 독해 수업에서도 빠르게 읽고 이해할 수 있는 결과를 가져다주었다. 내용을 요약하고 발표하는 것도 어려워하지 않았음은 물론이다.

마지막으로 아이를 지도하면서 중요하게 생각한 부분은, 아이 스스로 학습할 수 있도록 한 것이다. 흔히 말하는 '자기 주도 학습'이다. 아이에게 스터디 플래너를 주고, 학습 시간뿐 아니라 오늘 새롭게 알게 된 지식까지 꼼꼼히 기록하게 했다. 아이가 기록한 것은 수업 시간에 퀴즈를 내거나 반복하는 방식으로 되새겨주었다. 스터디 플래너는 아이가 모르는 부분을 스스로 되짚어보고, 스스로 학습 스케줄을 짤 수 있도록 도와주었다.

내 방식이
틀리지 않았음을 확인하다

수인이가 중국으로 떠나고 3개월쯤 지났을 무렵, 수인이 어머니에게 기쁜 소식이 전해져 왔다. 수인이가 학교에서 영어를 매우 잘하는 편이고,

심지어 국제학교에 4년을 다닌 친구들보다 영어를 더 잘한다는 것이었다. 주변 부모님들이 6개월 준비했다는 수인 엄마의 말을 믿지 않는다고 했을 때의 행복감은 말할 수 없이 컸다.

그러면서 수인이 엄마는 예전과 생각이 많이 바뀌었다고 했다. 아이의 번아웃을 경계하다 보니 자연스럽게 노출하면, 영어에 흥미만 잃지 않는다면 언젠가는 실력이 늘 것이라 생각했는데, 영어는 한글과 달리 반드시 어느 정도의 노력과 스트레스가 있어야만 느는 것 같다고 했다. 수인이는 지금도 영어 공부를 위해 스터디 플래너를 활용하고 있다면서 스터디 플래너 덕분에 좋은 공부 습관을 들일 수 있어서 감사하다는 말을 덧붙였다.

04
쉼표가
기적을 부른다

대치동에도
'영포자'가 산다

    수많은 상담 경험 중 유독 기억에 남는 일이 있다. 영어유치원을 함께 졸업한 어린이들의 부모님이 단체로 상담을 요청해온 것이다. 두 달에 한 번씩 영어유치원 동기 모임을 갖는 분들이었다. 어느 날 모임에서 아이들에 대해 얘기하던 중 자녀들이 모두 영어를 거부한다는 사실과 실력이 정체되어 있다는 사실을 알게 되었다고 한다.

    "영어유치원 약발이 초등학교 3학년까지라던데, 3학년이 되니 진짜 약발이 다 했나 봐요."

    자녀의 영어 실력이 영어유치원을 졸업할 때와 크게 다르지 않다거나 학년이 높아질수록 영어 공부를 거부한다는 점에서 상담 내용은 비슷했다.

먼저 엄마들과 차례대로 상담을 진행한 뒤 개별적으로 아이들을 만나 한 명 한 명 이야기를 나누었다. 문제는, 아이들이 영어유치원을 다닐 때 상당한 스트레스를 받은 데 있었다. 원어민 선생님과의 일상적인 대화는 거의 알아들을 수 있는데, 수업 시간에 선생님이 하는 이야기는 모를 때가 많다고 했다. 수업이 재미없는 것이 당연했다. 그중에서도 가장 싫은 것은 한글 뜻도 제대로 모르는 영어 단어를 10개씩 외워서 시험을 보는 것이라고 했다.

나쁜 점수를 받은 것이 알려진 날은 악몽 같았다고 한다. 이야기를 털어놓는 모습을 보면서 아이들이 영어에 많이 지쳐 있음을 느꼈다. 6명의 아이들이 어쩜 하나같이 이렇게 영어에 흥미를 잃었을까? 이런 아이들을 보면서 부모의 마음은 어떨까? 참으로 마음이 무거운 날이었다.

첫 마음은 어디로 사라진 걸까?

쌍둥이를 낳던 날의 기억이 아직도 생생하다.

"손가락이랑 발가락이 모두 열 개씩인가요?"

정신없는 와중에 의사 선생님을 향해 한 첫 질문이다. 아이들이 건강하기만 하면 좋겠다는 것 외에는 아무것도 바랄 것이 없었다.

내가 처음으로 쌍둥이와 다른 아이들을 비교한 것은 걷는 시점이었던 것 같다.

"돌 전에 걷는 아이들도 많다는데 우리 아이들은 왜 18개월이 되었는데도 걸을 생각을 하지 않을까?"

지금 옆에서 잠시도 가만히 있지 않고 뛰어 다니는 쌍둥이를 보면 왜 그런 고민을 했는지 헛웃음이 나온다. 사실 걷는 것뿐만이 아니었다. '누구네 아이는 벌써 한글을 뗐단다', '누구는 수학 공부를 시작했단다'와 같은 얘기를 들으면 나도 모르게 마음이 조급해져서 학원이나 학습지를 검색해 보곤 했다. 벌써부터 뒤처지면 영원히 뒤처질 것이라는 불안감이 드는 날도 있었다. 직업이 영어 강사인 만큼 영어에 관한 얘기를 듣는 날엔 더 그랬다. '영어 선생님 아이가 영어를 못한다면 어떤 부모님이 나를 신뢰할 수 있을까?' 하는 두려움 때문이었다.

이런 나의 조급함을 자제할 수 있게 해준 원동력은 강사 시절의 경험이었다. 대치동 학원의 중·고등학생 반에도 영어를 못하는 아이들이 가득했다. 어느 날 강의 중 아이들에게 우스갯소리를 던졌다.

"애들아, 너희는 대부분 어렸을 때부터 영어를 배웠는데, 왜 아직도 영어를 못하는 거니?"

아이들의 대답은 뜻밖이었다.

"어렸을 때 엄마가 파란 눈의 원어민 선생님과 대화를 시켰는데 그 눈빛이 너무 무서웠어요."

"선생님, 지랄 총량의 법칙이란 말 들어보셨어요? 저는 여덟 살 때까지 영어를 너무 많이 해서 이미 영어 총량을 다 채웠기 때문에 안 해도 돼요. 영어가 너무 지겨워요."

장난 섞인 질문에 장난 섞인 답변이었지만 그날 나는 영어 조기교육으로 지친 아이들의 마음을 똑똑히 확인했다. 영어를 공부할 수 있는 최적의 환경에서도 엄마들의 의도와는 다르게 많은 아이들이 이미 어렸을 때 영어에 번아웃되거나 목표 의식 없는 공부로 흥미를 잃은 것이다.

잠깐 쉬었다 가는 것이 좋겠습니다

다시 부모님들과 상담하던 날, 나는 이렇게 말했다.

"계속해서 영어 공부를 시킨다고 해도 아이들은 이미 영어를 거부하고 있기 때문에 적극적으로 하지 않을 것입니다. 따라서 효율적이지 않은 공부가 되고, 나중에는 영어를 더 거부할 수도 있습니다."

예상과는 다른 나의 대답에 대부분의 부모님들은 표정이 굳어졌다. "저랑 함께하면 아이가 영어에 대한 흥미를 다시 찾고 실력도 급상승할 수 있습니다"라는 말을 기대했을 것이다. 내 말에 부모님들은 아이가 지금까지 배운 것마저 잃어버릴까 두렵다면서 과외 요청을 했지만 나는 거절했다. 그러더니 결국엔 다른 영어 선생님을 찾아갔다.

나와 상담을 한 부모님 가운데 두 분만이 내 이야기에 귀를 기울여 주셨다. 지금 당장 잘하는 것이 중요한 게 아니라 미래의 어느 시점에 아이가 원할 때 잘해야 한다는 내 말에 공감해 주신 것이다. 하물며 어른들도 힘들 땐 휴식이 필요한데, 지쳐 있는 아이들에게 시간을 주어야 한다는 말이 특히 와 닿았다고 하셨다. 아이와 가끔 놀러와도 되냐고 물으시기에 아이가 원한다면 언제든 놀러와도 좋다고 대답했다. 그러면서 부모님들께 미션을 주었다.

"한국어 책을 많이 읽게 해주세요."

그런 다음 이렇게 덧붙였다.

"부모님이 원할 때가 아닌 아이가 진심으로 원할 때 영어 수업을 시작하겠습니다."

엄마가 아니라 아이가 원해야 한다

"너 정말 힘들었겠구나."

"하기 싫으면 지금 당장 하지 않아도 돼."

아이들과 상담을 할 때 나는 진심어린 말과 표정으로 대한다. 그렇게 우리는 친구가 된다. 부모님들은 자신의 자녀만 가르치기 때문에 자녀의 상황을 다른 아이들과 비교하고 판단하기가 쉽지 않다. 특히 욕심을 버리고 객관적으로 보기는 더더욱 어렵다. 하지만 여러 아이들을 가르치는 나는 좀 더 다양한 관점에서 아이들을 볼 수 있다.

지쳐 보이는 아이에게는 영어 얘기보다 따뜻한 말을 먼저 건넨다. 그러면 아이는 비교적 쉽게 마음을 연다. 부모님이 싸운 이야기, 부모님 몰래 친구들과 나눈 온라인 대화, 담임 선생님에 대한 이야기를 털어내며 아이들은 즐거워한다.

이렇게 아이들과 친해지고 있던 어느 날, 한 아이가 다시 영어를 해보고 싶다고 말했다. 부모님이 시켜서가 아니라 아이가 먼저 다시 해보고 싶다는 말에 왜 갑자기 그런 마음이 들었는지 물었다. 아이의 대답은 단순했다.

"아무도 영어를 하라고 하지 않아서 조금 불안했는데, 놀러와서 보니까 쌍둥이 언니들이 즐겁게 공부하는 것 같아서요."

아이는 영어를 쉬는 동안 기존에 공부했던 것을 조금 잊어버렸다고 했다. 다행인 것은 영어에 대한 나쁜 감정도 함께 잊어버렸다는 것이다.

스스로 공부하겠다고 마음먹은 아이는 이전과는 비교할 수 없을 정도로 빠른 성장을 보였다. 그리고 몇 개월 뒤, 친구들이 자신을 '반에서 영어를 가장 잘하는 아이'라고 생각한다며 스스로를 자랑스러워했다. 처음 상담 시 부모님이 아이의 마음을 이해하지 못하고 단순히 공부를 하기 싫어서 칭얼거린다고 생각했다면 이런 기쁜 순간을 맞이할 수 있었을까? 아이의 부모님은 나에게 감사하다고 하셨지만 나는 아이를 믿어준 부모님의 용기가 더 감사했다.

이것은 어쩌면 참으로 이상적인 사례다. 때로는 아이가 스스로 공부하고 싶다고 마음먹는 데 오랜 시간이 걸릴 수 있다. 중요한 것은, 아이를 믿고 기다리면서 호흡을 조절하는 것이다. 어른들의 조급함과 거친 호흡은 아이들이 따라가지 못하게 하고 쉽게 지치게 한다는 것을 명심해야 한다.

엄마표 코칭 영어는 아이들과 함께 호흡하는 것이다. 모든 아이들을 똑같은 속도로 훈련시키면서 밀고 나가는 것이 아니라 내 아이의 상태를 파악하고 아이가 준비되었을 때 빠르게 치고 나가는 학습법이다. 같은 속도로 길게 나갈 수 있는 아이도 있지만 그렇지 못한 아이도 있다. 이런 아이에게 기존의 엄마표 영어 방식은 번아웃을 가져올 수 있다. 내가 아이의 상황과 심리 상태에 따라 '강약중강약' 할 수 있는 장단을 갖자고 말하는 이유다. 그리고 이는 아이를 가장 잘 아는 존재인 엄마가 해줘야 할 일이다.

지금까지 쌍둥이 딸들과 내가 지도했던 몇몇 아이들의 사례를 통해 엄마표 코칭 영어의 핵심과 효과를 대략적으로 살펴보았다. 이제부터는 엄마들이 내 아이의 영어 공부를 코칭하기 전에 알아야 할 기본적인 지식을 하나하나 설명할 것이다. 앞으로 살펴볼 내용의 본질을 정확히 이해하고 자녀의 학습에 적용하여 엄마표 코칭 영어 성공 사례의 주인공이 되기를 바란다.

3장

엄마표 영어보다 쉬운 엄마표 코칭 영어

01

영어 공부 시작의 적기는?

영어 공부, 몇 살에 시작하면 좋을까?

지금부터는 엄마가 자녀의 가장 좋은 영어 코치가 될 수 있도록 본격적인 영어 학습 전에 알아야 할 기본적인 원칙을 공유할 것이다. 엄마표 영어를 하려고 하는 많은 엄마들이 가장 궁금해하는 '영어 공부 시작 시기'와 '학습 동기'를 가장 먼저 짚고 넘어가려 한다. 그런 다음 현재 '영어 거부증'을 보이거나 혹시나 생길지 모르는 상황에 대비하여 어떻게 코칭하는 것이 좋은지를 살피고, 아이의 '성향에 맞는 학습법'에 대해 함께 고민할 것이다. 먼저 영어 공부의 시작 시기다.

"선생님, 영어 공부는 몇 살 때 시작하는 것이 가장 좋은가요?"

어린 자녀를 둔 학부모들과 상담할 때 가장 많이 듣는 질문이다. 아마도 대부분의 부모들이 자녀의 영어 교육에 관심을 가질 때 가장 궁금한 부분일 것이다. 이 질문에 대한 내 대답은 두 가지다. 하나는 '부모들이 듣고 싶어 하는 답'이고, 다른 하나는 '내가 정답이라고 생각하는 답'이다.

부모들이 듣고 싶은 대답을 해야 할 때 나는 "8살에 시작하세요"라고 한다. 내가 아이들의 영어 공부 시작 시기의 정답이라고 생각하는 답을 먼저 했음에도 "그럼 그게 몇 살이지요?" 라고 다시 확실한 시기를 말해 달라는 부모들께 드리는 대답이다. 내가 '8살'이라고 대답하는 첫 번째 이유는 '조기교육의 부작용' 때문이다.

〈경고〉
영어를 일찍 시작할 경우 아이가 모국어를 습득할 소중한 시간을 빼앗겨 한국어 수준이 높아지지 못할 수 있으며, 언어 혼란과 스트레스로 아이가 영어를 싫어하게 될 수 있습니다.

만약 유아를 대상으로 한 영어 학원 앞에 이런 경고 문구가 붙어 있으면 어떨까? 여기저기 자극적인 광고 문구는 가득한데, 정작 영어 조기교육 시장에서 아이들에게 일어날 수 있는 부작용에 대해 이야기하는 사람은 없다. 과연 이런 부작용 문구를 보고도 부모들이 무리하게 자녀의 손을 이끌고 영어 조기교육에 뛰어들까?

나는 조기교육을 함에 있어 중요하게 생각해야 할 문제 중에 하나가 '부작용'이라고 생각한다. 부작용이라는 것은 언제 어떤 아이에게 나타날지 모른다는 점에서 신중하게 선택해야 한다. 교육 현장에서 아이들을 가르치다 보면 조기교육의 부작용으로 힘들어하는 아이를 종종 볼 수 있다. 나는 가장 부작용이 적으면서도 효과적인 방법을 선택하는 것이 최선이라고 생각한다.

내가 8세, 즉 초등학교에 입학하는 시기를 영어 학습을 시작할 시기라고 답하는 것도 이때쯤이면 영어 조기교육의 부작용이 작을 것이라는 판단 때문이다. 대한민국 학부모의 교육열과 사교육 시장을 봤을 때 초등학교 입학 전에는 아이들이 한글을 익히고 책을 접하면서 최소한의 모국어는 익혔을 것이라는 가정 하에 8세라는 답을 내놓은 것이다.

사실 나는 8세 이후에 시작해도 괜찮다고 생각한다. 하지만 학교에 입학하면서 영어를 시작하는 아이들이 많아서인지 최소한 1학년 때는 영어를 시작해야 한다고 생각하는 부모님들이 많다. 이런 심리를 잘 알기에 초등학교 입학 시기라고 답하는 것이다.

내가 8살이라고 대답하는 두 번째 이유는 부모님들의 '불안감' 때문이다. 8살 이후라고 대답하면 대부분의 엄마들은 "너무 늦을 것 같은데요?"라고 반문하며 상담을 끝낸다. 대한민국 유아 교육 시장이 지금처럼 커지는 데 가장 크게 기여한 것을 꼽으라면 나는 주저 없이 '엄마들의 불안감'이라고 답한다. 너무 늦게 시작했다가는 아이의 발음이 굳어버릴 것 같고, 다중 언어를 익힐 수 있는 결정적 시기를 놓쳐 버릴 것 같은 분위기 덕(?)에 대한민국 영어 교육 시장이 지금처럼 커졌다는 데는 누구도 반론을 제기하지 못할 것이다.

'영어유치원에 보내는 엄마들'에 대한 논문을 보면 영어유치원에 보내는 부모들은 자녀가 조금이라도 일찍 영어 구사력을 성취하여 또래보다 경쟁에서 우월하기를 기대한다. 또한 영어유치원에 보낸다는 것 자체가 부모에게 만족감을 주며, 부모의 소득 수준과 사회적 지위를 말해 준다고 생각한다. 한마디로 자녀를 조기교육시키는 심리에는 부모의 '만족감'이 큰 부분을 차지한다는 것이다.

약을 먹기 전에는 부작용을 확인하면서 정작 아이들의 미래가 달려 있는 교육 문제에 대해서는 최소한의 부작용을 고려하지 않는 이유의 근본에는 이처럼 부모님의 '불안감'과 함께 '만족감'이 작용하고 있다. 아이에게 영어를 일찍 시키는 것이 진정 아이를 위한 길일까, 아니면 부모의 불안을 덜기 위한 것일까? 어렸을 때부터 친구들보다 우월하길 바라는 것은 아이의 바람일까, 부모의 바람일까? 곰곰이 생각해볼 문제다.

8세 이전의 선택, 모국어? 이중 언어? 다개국어?

8세 이전의 유아 시절은 언어 능력과 사고력을 폭발적으로 증가시킬 수 있는 중요한 시기다. 이 시기에 엄마가 선택할 수 있는 방법은 두 가지다. 첫 번째는 '모국어에 집중'하는 것이고, 두 번째는 이중 언어 또는 다개국어를 꿈꾸며 '영어와 다른 언어를 함께 노출'시키는 것이다. 엄마들이 이중 언어를 꿈꾸며 영어를 아이에게 노출하는 이유는 엄마의 노력으로 아이에게 영어를 습득할 수 있는 환경을 만들어줄 수 있다고 생각하기 때문이다. 즉 유아의 언어적 습득력을 과신하며 일정 수준 노출해주면 아이 스스로 다국어를 할 수 있을 것이라고 믿는 것이다.

나는 아침마다 생각도 정리하고 글도 쓰기 위해 커피 전문점을 찾곤 한다. 그 전문점에서 가끔 마주치는 엄마와 아이가 있다. 이른 아침부터 아이를 데리고 커피를 마시러 오는 것도 대단한데, 그 엄마는 항상 영어 그림책을 가지고 와서 아이에게 읽어준다. 하지만 아이의 반응은 영 신통치 않다. 엄마가 읽어주는 동화책에는 도통 관심도 없고, 가끔 엄마가 영어로 "This is a cookie."라고 해도 딱히 반응이 없다. 그 모습을 지켜보며 안타까운 마음이 들었다. 차라리 한국어로 대화하면서 쿠키의 맛을 표현해 보고, 쿠키 모양을 보며 떠오르는 이미지를 묘사해 보는 게 더 낫지 않을까 싶었기 때문이다.

아침부터 아이에게 영어 그림책을 읽어주는 엄마라면 하루 중 아이에게 영어를 노출시키는 시간이 상당할 것이다. 하지만 국내에서 아이에게 영어 환경을 만들어주는 것은 한계가 있을 수밖에 없다. 그런데 한국어라면 엄마가 아이의 언어적 영역을 무한대로 확장해 줄 수 있다. 아이와 엄마의 모국어가 같기 때문이다.

일찍부터 아이에게 영어를 노출해주기로 선택한 엄마들의 또 다른 이유는 '발음'이다. 미국에서 태어난 한국 아이들 중 한국 부모님 밑에서 자라고 많은 시간 한국어에 노출되었음에도 한국어를 아예 못하거나 발음이 이상한 아이들이 의외로 많다. 왜일까? 미국에서 자란 한국 아이에게 한국어는 외국어이기 때문이다. 즉 일상적으로 한국어를 쓰지 않고 잠깐씩 부모님과 한국어로 대화하는 것은 아이의 한국어 발음에 큰 영향을 주지 못한다. 물론 어른이 되어 영어 공부를 시작한 사람과 어렸을 때 시작한 사람의 발음은 차이가 있을 수 있으나, 우리는 지금 8세인지 4세인지를 고민하고 있다. 8세와 4세라는 시작 시기 사이에는 발음의 좋고 나쁨에 차이가 거의 없다. 발음은 시작 시기보다는 청각의 민감성, 혀의 구조, 노력 등의 영향도 받기 때문이다.

국어뿐 아니라 영어도 잘하는 아이로 키우고 싶다면, 높은 수준의 이중언어를 꿈꾼다면 어렸을 때 영어에 노출시킬 시간에 모국어 실력을 더 높이는 것이 낫다. 외국어는 절대 모국어 실력을 뛰어넘지 못하기 때문이다. 다시 한번 반복한다. "외국어는 절대 모국어 실력을 뛰어넘지 못한다."

외국어 능력은 모국어 실력을 뛰어넘지 못한다

오토 예스퍼슨.

토플 성적 세계 1, 2위를 다투는 덴마크 영어 교육을 혁신한 최고의 영어학자로 불리는 인물이다. 120여 년 전에 출간된 『오토 예스퍼슨의 외국어 교육 개혁론』에서 그는 영어 조기교육의 위험성과 모국어의 중요성에 대해 언급했다. 특히 외국어 학습을 시작하는 적정 연령에 대해 밝힌 부분을 보면 "너무 늦게 시작해서 생길 수 있는 문제보다는 너무 일찍 시작해서 생길 수 있는 문제가 더 심각하다고 생각한다"고 적었다. 그러면서 "외국어를 시작하기 전에 먼저 모국어가 확실하게 아이의 마음에 자리 잡을 수 있도록 충분한 시간을 주어야 한다"고 덧붙였다.

대부분의 논문들은 시대에 따라, 환경에 따라 다양한 견해를 갖는다. 그럼에도 거의 대부분의 언어학자들이 일치하는 견해를 보이는 주장이 있다. 바로 '외국어 능력은 모국어 실력을 뛰어넘지 못한다'는 견해다. 아이가 아무리 영어를 일찍 배운다고 해도 모국어 수준을 뛰어넘을 수는 없기 때문에 시간과 노력 대비 높은 수준의 영어 실력을 갖기 어렵다는 의미다. 즉 일찍 시작한다고 해도 도착점(모국어)의 실력이 높지 못하면 아무 소용이 없다. 일찍 시작함으로써 놓치는 것들을 생각해 볼 때 결국 뛰어난 영어 실력의 지름길은 수준 높은 모국어 습득이다.

학교나 학원에서 영어를 가르치는 선생님들과 대화를 하다 보면, 본인이 영어를 가르치고 있는지 국어를 가르치고 있는지 헷갈릴 때가 많다고 한다. 아이들의 국어 수준이 높지 못하다 보니 영어를 한국말로 해석해서 아이들을 이해시키는 데 많은 시간과 노력이 소요된다는 것이다. 입시 영어에서도 마찬가지다. 문장은 해석할 줄 알면서도 답은 찾지 못하는 경우가 허다하다. 모국어 사고력이 부족하기 때문이다. 그만큼 영어를 가르치고 있는 현장에서 느끼는 모국어의 중요성은 실로 대단하다.

일반적인 예상과는 다르게 중학교나 고등학교 때 미국으로 유학을 간 학생들이 미국의 명문 대학에 진학하는 경우가 많다고 한다. 그 이유 중 하나로 '높은 수준의 한국어'가 늘 언급된다. 즉 수준 높은 모국어 실력이 수준 높은 영어를 가능하게 하고, 이것이 학습 성과로 연결되기 때문이다.

한국어도 사람에 따라서 구사할 수 있는 언어 수준의 차이가 있듯 영어도 구사할 수 있는 레벨의 차이가 크다. 내 아이가 쉬운 회화, 간단한 단어 읽기 정도를 하는 데 만족할 것이 아니라 수준 높은 영어를 구사하게 하는 것이 목표라면 준비 단계가 필요하다. 바로 수준 높은 모국어 실력이다.

8세 이전에는 영어 발음을 걱정하기보다는 한국어의 표현과 느낌을 정확하게 새기고, 다양한 어휘를 익히고 배우는 것이 더 중요하다. 모국어 확장이 튼튼한 아이일수록 빠른 시간 내에 원하는 만큼의 영어 실력을 기대할 수 있기 때문이다. 이 시기에 모국어를 충분히 발달시키지 못하면 외국어를 충분히 발달시킬 힘을 얻지 못한다.

한국에서 태어나고 자란 아이들은 생각하고 사고하는 모든 과정이 한국어로 이루어질 수밖에 없다. 낮은 모국어 수준으로는 결코 부모님들이 바라는 높은 영어 실력을 가질 수 없다는 사실을 다시 한번 명심하자.

영어 공부에 늦은 때란 없다

모국어가 늦은 아이들은 언제까지 모국어를 공부해야 할까? 초등학교 고학년이 되도록 국어 공부만 시키면 나중에 영어를 학습하는 데 정말로 문제가 없을까?

언어학의 대가 노암 촘스키를 비롯한 많은 학자들이 영어(제2언어)를 모국어처럼 구사하는 데 있어 '결정적 시기'가 있다고 주장했다. 대부분의 학자들은 12세 이전에 시작해야만 외국어를 모국어처럼 능숙하게 구사하는 데 어려움이 없다고 주장하는데, 아직까지 직접적인 증거는 없다. 오히려 최근 논문들을 보면 "영어 노출 시기와 영어 습득 능력의 상관관계는 높지 않다"라는 주장이 많다. 영어를 접한 나이가 어릴수록 영어 습득이 뛰어난 것은 아니라는 말이다. 이런 주장에서 보듯이, 적어도 최근에는 언어 전문가들도 학습 시작 시기가 학습 성과에 있어 절대적이라는 생각에서 벗어나고 있다.

현장에서 오랫동안 학생들을 가르치며 아이들의 영어 시작 시기에 대한 많은 고민을 했다. 논문들을 수없이 찾아보고 내 아이들을 보며 관찰도 했다. 그 일련의 과정들을 통해 "영어 공부를 언제부터 시켜야 할까요?"란 질문에 대한 내가 '정답'이라고 생각하는 답변은 이렇다.

"영어 공부는 한국어 공부, 즉 모국어가 발달한 뒤에 시작하세요. 굳이 나이를 물으신다면 8세 전후가 될 것입니다. 하지만 모국어 실력이 부족하다면 한국어에 더 집중해야 하며, 영어는 조금 늦게 시작해도 전혀 문제가 없습니다. 단, 요즘은 초등학교 정규 과정으로 영어를 배우기 때문에 10세 전에 시작하는 것이 부모님과 아이 모두에게 심리적으로 좋습니다."

엄마표 영어에 '코칭' 더하기

영어 공부 시작 시기

1. 영어 조기교육이 마치 이중 언어의 성공을 가져다줄 유일한 방법이라고 말하는 영어 교육 시장에서 남들이 하는 대로 끌려가지 말고 자녀를 객관적으로 바라보라.
2. 언어에 재능이 있는 아이라면 조기교육을 통한 다중 언어를 시도해도 되지만 굳이 추천하지는 않는다. 언어적 재능이 있는 아이라면 시작 시기와 상관없이 빠른 시간에 성장할 수 있기 때문이다. 영어보다 중요한 것은 생각하는 힘, 즉 '사고력'이다.
3. 유아기에는 사고력을 키워주기 위해 다양한 경험을 하게 해주거나 한글책을 읽어 주는 것이 더 좋다. 모국어 수준을 최대한 끌어올려 놓으면 영어를 조금 늦게 시작해도 실력이 빨리 성장한다. 중요한 것은 시작점이 아니라 '최종 결과'다.

02
모든 것을 다 이기는 비결, 학습 동기

학원가
'폭파 버튼'의 비밀

영재 관련 TV프로그램에 영어 영재로 소개된 12살 아이가 있다. 그 아이가 뛰어난 영어 실력을 갖게 된 것은 영화 〈레미제라블〉 덕분이었다. 영화를 보고 감동을 받은 나머지 레미제라블을 정복하기 위해 작품의 모든 노래와 대사를 목소리 톤까지 정확하게 외웠다고 한다.

그 스토리에서 내가 주목한 것은 아이의 '학습 동기'였다. 아이가 영화에 몰입되어 영어 대사의 목소리 톤과 발음까지 거의 정확하게 흉내 내는 것을 보면서 '내가 지도하는 학생들이 저 아이처럼 자신만의 학습 동기를 갖는다면 얼마나 좋을까?'라고 생각했다.

학원 교실의 벽과 책상에는 아이들이 그려놓은 크고 작은 원과 사각형

들이 있다. 아이들은 그것을 '폭파 버튼'이라고 부른다. 일부 아이들은 학원이 폭파되어 더 이상 학원에 오지 않았으면 하는 바람으로 영어 수업 중에 열심히 폭파 버튼을 그린다. 이런 발상이 재미있는 한편 안타깝기도 하다. 학원에 오는 상당수 아이들이 왜 영어를 배워야 하는지 필요성을 느끼지 못한 채 자리를 채우며 오늘도 책상과 벽에 폭파 버튼만 그리고 있다.

"선생님, 저는 어차피 한국에서만 살 건데요. 영어가 왜 필요해요?"

"지금 당장 쓸 것도 아니고 나중에 필요할 때 배워도 되지 않을까요?"

부모님들은 영어가 기본 소양이고 살아가는 데 중요한 요소라고 하는데, 정작 아이들은 암만 설명해도 중요성을 인정하려 하지 않는다. 한마디로 아이들에게는 영어를 공부해야 하는 동기가 부족하고, 이는 영어 학습 과정에서 지속적으로 부모와 마찰을 빚는 이유가 되곤 한다.

영어 공부의 시작과 끝, 학습 동기가 전부다

자녀와 영어 공부를 시작하려는 시점에서 가장 필요한 것은 '학습 동기'다. 학습 동기가 없는 대다수 아이들의 일반적인 영어 공부 루틴은 다음과 같다.

아이는 유아기 때 부모님의 칭찬을 받기 위해, 그리고 부모님의 바람에 의해 영어 공부를 시작한다. 그 후 초등학생이 되면서 영어 공부의 필요성도 느끼지 못하고, 재미도 없고, 실력도 늘지 않으면서 학습 정체를 겪는

다. 중학교에 들어가 입시 위주의 공부에 집중하지만 문법과 지문 독해에 관련된 입시 위주의 영어 공부에 큰 흥미를 느끼지 못한다.

반면 스스로 영어 공부에 재미를 느끼거나 시험과 같은 뚜렷한 목표가 있는 아이는 다르다. 확실한 학습 동기를 가진 대학생이나 취업 준비생, 성인이 더 열심히 공부하고 실력도 빠르게 느는 것과 같은 이치다. 나이의 많고 적음에 상관없이 학습 동기의 유무에 따라 영어 성취도가 결정되는 것이다. 이렇게 말하면 당연한 이야기라고 생각하겠지만 사실 많은 부모들이 아이의 학습 동기에 대해 진지하게 생각해 보지 않고 영어 공부를 시키고 있다.

여기서 중요한 것은 학습 동기가 아이 스스로 공부에 대해서 자발적인 흥미나 관심을 갖는 '내재적 학습 동기'여야 한다는 점이다. 외재적 학습 동기, 즉 부모의 칭찬이나 선물 같은 보상은 단기적으로는 효과를 발휘할지 모르겠지만 장기적으로 아이가 영어를 꾸준히 공부하는 데 있어서는 한계가 있다. 외재적 학습 동기를 가진 대부분의 아이들은 더욱더 많은 외적 보상을 기대하는 과정에서 내성이 증가하기 때문에 더 큰 보상이 주어지지 않으면 결국 영어에 대한 학습 동기를 잃게 된다. 그런 점에서 아이 스스로 영어 공부의 동기와 목표를 찾을 수 있도록 지속적인 관심과 코칭이 필요하다.

경험에 미루어 볼 때 아이가 언어를 어떤 느낌으로 받아들이느냐에 따라서 동기가 부여되고 학습 태도가 잡힌다.

학습 동기 세우기,
두 가지만 기억하라

다음에 나오는 두 가지 방법을 통해 아이와 함께 학습 동기를 만들어보자.

첫째, 실현 가능한 구체적인 목표를 같이 세워라.

일반적으로 영어 공부를 통해 이루려고 하는 목표는 좋은 학습 동기가 된다. 앞에서도 이야기 했듯이 나는 쌍둥이와 영어 공부를 시작하면서 영어를 잘하면 무엇을 하고 싶은지를 가장 먼저 물어보았다. 책을 좋아했던 쌍둥이는 자신들이 한국어로 재미있게 읽은 『26층 나무집』『윔피키드』『해리포터』를 영어로 읽고 싶다고 했다. 쌍둥이의 학습 동기는 이렇게 '1년 반 안에 『26층 나무집』『윔피키드』『해리포터』 원서 읽기'로 정해졌다. 의도하지 않았지만 참으로 바람직한 학습 동기였다.

이렇듯 영어 공부를 시작하기 전 아이와 영어 공부의 목표를 이야기하는 것이 중요하다. 여기서 주의할 것은, 엄마의 학습 동기가 아이의 학습 동기가 되어서는 안 된다는 것이다. 반드시 아이 스스로 먼저 생각하고 찾게 해야 한다. 엄마의 주도로 만든 학습 동기는 단시간에 효과는 낼 수는 있지만 오랫동안 지속해야 하는 영어 공부에서는 금방 힘을 잃을 수 있다. 엄마는 아이가 학습 동기를 찾은 뒤에 개입하여 구체화된 목표를 세울 수 있도록 도와주는 역할을 해야 한다. '원어민처럼 말하기' 같은 구체적이지 않고 현실성이 낮은 목표는 학습에 자극제 역할을 하지 못한다. 처음에는 쉽게 성취할 수 있는 단기 목표들로 성취감을 높여주는 것이 좋다. 몇 번 성취감을 맛본 아이는 더 높은 단계를 향해 도전할 수 있는 힘이 생긴다.

둘째, '즐거움'이 학습 동기가 되게 하라.

영어 공부를 거부하는 아이와 상담을 하면서 그 아이가 배우고 있는 교재를 본 적이 있다. 빌게이츠의 창업 스토리, 미국 사회와 역사를 다루고 있었다. 매우 수준이 높고 좋은 자료였다. 하지만 그 분야에 전혀 관심이 없는 아이에겐 지루함 그 이상도 이하도 아니었다. 아이의 꿈을 물어보았다. 연예인이 되고 싶다고 했다. 좋아하는 연예인과 관련된 영어 인터뷰를 보고, 적게 하고, 따라하게 했더니 점점 영어에 관심을 보였다. 한층 더 발전시켜 나중에는 아이가 유명 연예인이 된 것으로 가정하고 외국에서 인터뷰하는 연습, 하고 싶은 배역을 따라하는 연습을 하며 즐겁게 공부했다.

아이들은 어른과 다르기 때문에 특정한 목표를 학습 동기로 갖기가 쉽지 않다. 사실 영어에 대한 뚜렷한 학습 동기를 가진 아이는 드물다. 이렇게 학습 동기가 정확하지 않은 아이들에게는 본인이 좋아하는 주제로 공부할 수 있도록 이끌어주는 것도 하나의 학습 동기가 될 수 있다. 영어 자체를 강요하기보다 좋아하는 취미나 대상을 통해 관심을 갖도록 해야 한다. 누구나 자신이 좋아하는 것에 대해서는 알고 싶어 하고 궁금해하기 때문이다. 그러다 보면 자연스럽게 영어가 '학습'이 아닌 '즐거움'으로 인식될 수 있고, 그 즐거움이 학습 동기가 된다.

내 아이가 무엇을 좋아하는지는 사실 엄마가 가장 잘 알 것이다. 다만 그 대상이 비교육적이라고 생각할 뿐이다. 그런 고정관념을 버리고 아이가 진짜 좋아하는 것을 중심으로 학습을 시켜보라.

특히 깊이 있는 학습을 하기 위해서는 아이의 관심 분야를 활용하는 것이 가장 좋다. 조금은 조심스럽지만 게임을 좋아하는 아이에게는 게임을 이용해 보는 것도 방법이다. 어차피 게임하는 것을 말릴 수 없다면 게임을 하게 하되 외국 프로게이머들의 대회를 유튜브로 보게 하거나 아이의 계정을 영어를 사용할 수 있도록 설정해 주고 상대방과 영어로 대화할 수 있도록 이끌면 된다. 좋아하는 게임을 통해 영어를 배운다면 아이는 영어를 자신이 좋아하는 게임 영역을 확장해주는 소중한 '도구'로 인식할 것이다.

아이가 로봇을 좋아한다면 로봇 관련 자료와 영상을 스스로 찾고 보게 하는 것도 좋은 방법이다. 요리를 좋아하는 아이라면 요리와 관련된 책과 영상을 보여주면 좋다. 넷플릭스의 음식 관련 쇼인 〈네일드 잇Nailed it〉도 그중 하나로, 아이들에게 영어에 대한 흥미를 불러일으킬 수 있다.

노래를 좋아하는 아이에게는 영어 관련 OST와 팝송을 추천한다. 팝송을 좋아하게 된 것을 계기로 영어를 잘하게 되었다는 사람들이 많다. 좋아하다 보니 따라하고 싶고, 가사를 적고 이해하는 과정에서 영어를 쉽고 재미있게 공부할 수 있었던 것이다. 우리 집 쌍둥이도 최근 팝송을 좋아하게 되었다. 그래서 기존에 하던 공부 방식을 바꾸어 최근에는 팝송 가사를 적고, 해석하고, 따라 부르도록 하고 있다. 자신들이 좋아하는 것을 해서인지 팝송 공부는 공부라고 생각하지 않는다.

학습 동기를 세우는 데 있어 기존의 방식에 집착할 필요가 없다. 아이의 관심사가 변한다면 그에 맞춰서 방식을 바꾸면 된다. 이미 많은 자료들이 나와 있는 만큼 아이들이 좋아하는 분야를 찾고, 공부하도록 이끄는 것이 부모의 코칭 능력이다.

학습 동기를 갖게 하는 스마트한 엄마 코칭

학습 동기는 절대 '경쟁과 비교'의 대상이거나 '부모의 기대'가 되어서는 안 된다. 학년이 높아질수록 학습 동기가 점수나 시험, 자격증으로 변할 수 있다. 이런 구체화된 목표가 나쁜 학습 동기는 절대 아니다. 다만 시험이나 점수는 필연적으로 다른 아이와의 경쟁이 동반되는 경우가 많다. 이때 다른 누군가와 경쟁하고 비교하는 것은 아이의 자존감에 큰 상처를 줄 수 있다. "○○처럼 잘하면 좋겠어"라거나 "반에서 영어는 1등이면 좋겠어"라는 비교와 기대가 학습 동기에 추가되어서는 안 된다. 이는 아이가 영어에서 더 멀어지게 하는 길일 뿐이다.

아이에게 영어에 대한 학습 동기를 갖게 하기 위해서 8세 이전에는 영어권 국가와 관련된 다양한 책을 읽어줄 것을 추천한다. 아이들이 세계에 다양한 언어와 문화가 있다는 것을 인식하고 궁금하도록 만들어주는 것이다. 영어권 문화, 대표적인 행사, 책과 영화 등을 지속적으로 노출해 줄수록 아이들은 흥미를 가질 것이고, 영어에도 관심이 생길 것이다. 만약 아이가 영어에 대한 학습 동기가 없다면 조금은 기다려 주는 것도 중요하다. 부모의 조급함이 영어에 대한 부정적인 인식을 키울 수 있기 때문이다. 급한 마음에 서둘렀다가는 자칫 아이의 학습 동기를 영어에 연결시키는 것이 더욱 어려워질 수 있다.

아이들의 학습 동기는 방아쇠와 같다. 또한 펌프질을 할 때 물을 끌어올리기 위해서 먼저 붓는 '마중물'과도 같다. 일단은 영어에 관심을 갖게 만들고, 영어에 좋은 감정을 갖게 만드는 역할만 하면 된다. 각자 다른 학습 동기를 가지고 영어 공부를 시작하지만 시간이 흐를수록 영어에 자신감을 갖게 될 것이고, 자연스럽게 더 큰 학습 동기를 찾게 될 것이다. 아이들은 자신만의 학습 동기를 바탕으로 '영어 자기 주도 학습'을 이끌어 나갈 수 있는 기반과 힘을 얻는다는 사실을 잊지 말자.

엄마표 영어에 '코칭' 더하기

학습 동기

기존의 엄마표 영어는 아이의 의지와 상관없이 엄마의 선택에 의해 유아기부터 진행되는 방식이다. 이 방식의 단점은 아이가 커갈수록 한계를 보인다는 것이다. 공부에서 가장 중요한 것은 공부하려는 의지, 즉 학습 동기다. 학습 동기를 세우는 데 있어 중요한 두 가지를 기억하라.

1) 아이와 함께 학습 목표를 세워라.
2) 아이가 어릴 경우 즐거움이 학습 동기가 되도록 유도하라.

지속적으로 영어 공부를 하고자 하는 학습 동기를 만들어주는 것이 코치인 엄마의 역할이다. 학습 동기는 공부를 하다가 힘들거나 지칠 때 이겨낼 수 있는 큰 힘이 된다는 사실을 잊지 마라.

* 영어 학습 동기를 위해 보면 좋은 영상 *
Jay Walker The English's mania

03

영어 거부증 극복을 위한 코칭 노하우

아이에게 영어 거부증이 왔어요

　이 책을 읽는 분들 중에는 아직 자녀와 영어 공부를 시작하지 않은 부모들도 있겠지만, 아이와 영어 공부를 진행하며 어려움에 부딪쳐 이 책을 집어든 분들도 있을 것이다. 여기서는 1장에서 〈엄마표 영어 사각지대〉의 마지막 주제로 다룬 '영어 거부증'에 관한 이야기를 좀 더 하려고 한다.

　유치원이나 초등학교에 다니는 자녀를 둔 학부모들과 상담해 보면 자녀에게 영어 공부를 전혀 시키지 않는 경우는 많지 않다. 그렇다 보니 상담 내용은 대개 영어에 관심이 없는 아이, 영어 공부를 싫어하는 아이, 더 나아가 영어를 거부하는 아이에 대한 고민들이 주를 이룬다.

　상담할 때마다 느끼는 것은, 아이를 가장 잘 알고 이해하고 사랑하는 사람은 부모인 만큼 아이가 공부하는 과정에서 겪을 수 있는 어려움을 함께 극복하고 코칭해줄 수 있는 가장 적합한 존재도 부모라는 점이다. 부모의 따뜻한 코칭이 영어 거부감으로부터 아이를 치유시킬 수 있는 중요한 포인트 임을 절대 잊지 않았으면 한다.

아이가 영어를 거부하는 경우는 크게 두 가지다. 첫 번째는 어렸을 때는 엄마가 시키는 대로 영어를 받아들이다가 어느 순간 지친 나머지 본격적인 시작에 앞서 영어를 거부하는 경우다. 두 번째는 초등학교 저학년 때는 공부를 곧잘 했는데 학습 수준이 높아지는 고학년이 되면서 포기하는 경우다. 이런 아이들에 대한 코칭 노하우를 지금부터 공개한다.

영어 거부증 극복을 위한 팁

1) 어렸을 때 받은 영어 트라우마로 인한 거부

초등학교 입학 즈음에 영어를 거부하는 아이들은 대부분 영어에 대한 좋지 않은 기억을 가지고 있다. 엄마나 선생님이 억지로 많은 양의 공부를 시켰거나 학습 상황과의 관계가 좋지 않았던 것이 대표적인 사례다. 예를 들면 영어 단어를 쓰고 외워야 하는 데서 오는 스트레스와 시험, 친구들 앞에서 발표하는 것에 대한 부담감, 수업 중에 겪은 창피함 등이 합쳐져 영어를 제대로 시작하기도 전에 영어를 거부하는 상황이 된 것이다.

만일 아이가 이런 경우로 영어 공부를 거부하고 있다면 반드시 아이에게 회복의 시간을 주어야 한다. 지금까지 배운 내용을 잊어버릴까봐 두려워서 아이에게 계속 공부를 강요했다가는 오히려 더 회복하기가 힘들 수 있다. 아이들은 영어에 대한 상처가 깊을수록 영어를 더 빨리 잊어버리는 경향이 있다. 특히 어린 시절 트라우마가 있는 아이들은 마치 기다렸다는 듯이 영어를 잊어버린다. 너무 늦기 전에 부모의 노력으로 아이가 다시 영어를 친근하게 느낄 수 있도록 도와주자. 다음에 나오는 방법들이 도움이 될 것이다.

Step 1. 아이와의 관계 회복

학습에 있어 부모와 자녀의 관계는 매우 중요하다. 하지만 부모가 주도하는 학습 과정에서 의도치 않은 강요나 잔소리, 비교로 인해 상처를 받는 경우가 많다. 또 아이가 받은 상처를 캐치하지 못하는 부모도 있고, 안다고 해도 '시간이 지나면 괜찮아지겠지'라는 생각에 외면하거나 과소평가하는 부모도 있다. 사실 많은 아이들은 부모가 생각하는 것보다 더 많이 과거의 기억 때문에 힘들어한다. 이것이 좋지 않은 감정으로 이어지면 부모에 대한 아이의 신뢰는 한순간에 무너지고 만다.

영어 거부증을 보이는 아이를 위한 첫 번째 노력은 아이와 부모와의 관계 회복이다. 힘들겠지만 지나간 영어 공부에 대해 솔직한 이야기를 나눠야 한다. 그리고 혹시라도 아이의 마음을 다치게 했다면 부모는 진심으로 사과해야 한다. 아이와 지속적으로 대화를 이어가고, 재미있는 한국어 책을 읽고, 따뜻한 마음으로 안아주고, 교환 편지를 통해 마음을 확인하는 등 아이와 관계를 회복할 수 있는 방법들을 적극적으로 찾아야 한다. 아이가 자신의 마음을 솔직하게 털어놓고, 엄마를 믿고 의지하는 신호를 줄 때 비로소 다음 단계로 넘어갈 수 있다.

Step 2. 영어가 아닌 놀이로 다가서기

관계가 어느 정도 회복되었다고 판단되면 두 번째 단계로 영어 관련 놀이를 함께하면 좋다. 이때 주의해야 할 점은, 반드시 놀이로 접근해야 한다는 것이다. 아이에게 절대 학습을 강요해서는 안 된다. 영어를 싫어하는 아이에게 학습으로 다가오는 놀이는 하지 않은 것만 못하다. 『엄마표 영어놀이 100』(마선미), 『세상에서 제일 쉬운 엄마표 영어놀이』(홍현주·고은영), 『하루 5분 영어놀이의 힘』(조상은)과 같은 책을 참조하는 것도 좋은 방법이다.

아이의 현재 영어 수준보다 낮춰 시작하는 것도 좋다. 어렵고 새로운 용어가 나오는 놀이나 게임은 가급적 피하고, 아이가 이미 알고 있는 단어들로 이루어진 내용으로 진행하여 다시 영어를 친근하게 느끼게 하는 것이 목적이다. 아이가 어느 정도 적응이 되고, 관심을 가지는 모습이 보이면 한 단계씩 높여 가면 된다. 게임 역시 엄마가 선택하기보다는 아이에게 선택권을 주는 것이 좋다. 게임 시간 역시 아이가 직접 정하게 하고, 점차 시간을 늘려가도록 한다. 아이가 다시 영어에 대한 자신감이 회복될 수 있도록 지속적으로 격려하고 칭찬하는 것을 잊지 않도록 하자.

Step 3. 영어와 관련된 나라와 문화 알아보기

그 나라의 언어를 배우려면 문화를 알아야 한다는 말이 있다. 언어에는 그 나라만이 가진 특징적인 문화와 가치관이 들어 있기 때문이다. 우리나라의 문화와 배우고자 하는 영어권 국가의 문화를 비교하면 자연스럽게 영어에 대한 관심을 이끌어낼 수 있다. 아이가 어리다면 『업그레이드 먼 나라 이웃나라 4(영국 편), 10(미국1-미국인 편), 11(미국2-역사 편), 12(미국3-대통령 편)』(이원복), 『Why? 세계사 미국』(남춘자), 『Why? 세계사 영국』(유기영·임영제)처럼 만화로 되어 있는 책을 추천한다. 아이들이 어려워할 수 있는 부분을 만화로 재밌게 풀어내 비교적 쉽게 접근할 수 있다.

시중에 있는 책을 활용해 영어권 문화를 직·간접적으로 경험하는 것도 방법이다. 음식에 관심이 많은 아이라면 영어권 국가의 음식을 통해 문화를 살피고, 책을 좋아하지 않는 아이라면 관련 영상을 보는 식으로 방법을 찾을 수 있다. 잘 알려진 유튜브 크리에이터 올리버쌤, 휘트니, 영국 남자 등은 영어권 국가의 현실적이고 흥미로운 이야기를 들려주고 있다.

Step 4. 엄마표 영어 새로 시작하기

이제 아이가 영어에 대한 거부감이 사라졌다는 판단에 서둘러 예전에 했던 책들로 돌아가려고 하는 부모들이 있을 것이다. 하지만 이는 부모의 생각일 뿐 아이는 아직 준비되지 않은 경우가 많다. 또한 아이들이 예전에 책에 대해서 부정적 감정을 갖고 있는 경우가 많고, 설령 거부감이 줄었다고 해도 예전 수준에 맞춰 진행하기보다는 조금 쉬운 것으로 진행하여 아이의 자신감을 높여주는 것이 좋다.

엄마는 예전의 행동들을 반복하지 않도록 의식적으로 노력해야 한다. 기껏 쌓아놓은 신뢰가 무너지는 것은 한순간의 말과 행동이라는 것을 잊지 말자. 영어 공부를 하는 시간도 아이의 의견에 맞춰 천천히 늘려가야 한다. 최대한 아이의 호흡에 맞춘다면 아이는 다시 영어에 대한 흥미와 자신감을 회복할 것이다. 또한 아이가 잘할 수 있음을 진심으로 믿어주고, 영어가 즐거운 것임을 아이가 인식할 수 있게 영어라는 언어에 대해 긍정적 이야기를 자주 해주어야 한다. 이 부분은 뒤에서 다시 한번 강조할 것이다(5-4 참조).

2) 초등학교 고학년 이상의 아이 경우

영어 거부증의 또 다른 케이스는 잘 진행하다가 어느 순간 영어를 거부하는 경우다. 아이가 꾸준히 잘해 오다가 갑자기 거부하니 부모 입장에서는 더 당황할 수밖에 없다. 먼저 그 이유를 살펴보고 해결 방안도 함께 제시하려 한다.

원인 1. 모국어가 약해서

초등 고학년이 되면서 갑자기 어려워진 영어 난이도가 거부증으로 이어지는 경우가 대부분이다. 외워야 할 단어는 물론 지문의 난이도가 어려워지니 아이가 영어에 대한 흥미를 잃고, 영어 발전 속도에 정체감을 느끼면서 결국 영어를 거부하게 되는 것이다. 높은 레벨의 영어 학습이 스스로 감당되지 않고 이해하기도 힘들다 보니 자연스럽게 나타나는 현상이다. 실제로 아이들을 가르치다 보면 모국어 실력이 약한 학생의 경우 어느 순간 영어 실력이 정체되는 경우가 많다. 영어 자체가 어려운 수준은 아닌데, 모국어 수준이 약해서 그 수준을 넘지 못하는 것이다.

아이가 읽은 한국어 책의 수가 너무 적거나 나이 대비 상대적으로 쉬운 책과 학습만화를 많이 읽었다면 모국어 수준이 약할 가능성이 높다. 영어 교재의 한글로 된 지문 해석을 보았을 때 이해되지 않는 책이라면 그 책은 지금 아이의 수준과 맞지 않는 것이다. 수준에 맞지 않는 어려운 책을 볼 때 아이들은 금방 흥미를 잃고, 영어를 단순히 어려운 것으로 인식할 수 있다. 이런 경우에는 현재 공부하고 있는 교재보다 한 단계 낮은 책으로 공부하면서 영어 학습 시간은 조금 줄이고 그 시간에 한국어 책을 더 많이 정확하게 읽을 수 있도록 지도하는 것이 좋다.

앞서 말했듯이 영어 실력은 모국어 실력을 결코 능가할 수 없다. 튼튼한 모국어 실력이 뒷받침되지 않는 아이의 영어 실력은 한계가 있고, 영어 공부가 어려워질수록 그 수준을 넘지 못해 결국 영어 자체를 거부할 수 있다는 것을 명심해야 한다.

원인 2. 영어에 대한 패배 의식 때문에

모든 공부는 실패와 성공을 반복하면서 높은 단계로 진입한다. 영어를 거부하는 많은 아이들이 영어 공부에 대한 '성공 경험'보다는 '실패 경험'이 많고, 그로 인해 영어를 잘할 수 없다는 막연한 두려움을 갖는다. 특히 학원에 다니는 아이들의 경우 레벨 테스트에서 좋은 점수를 받지 못하거나 다음 레벨로 진입하지 못했을 때 '패배 의식'에 사로잡히는 경우가 많다. 아이가 부모와 공부를 하다가 혼나는 과정에서 공부에 대한 '나쁜 감정'이 생겼다면 더 이상 부모와 함께 공부해서는 안 된다. 아이는 이미 부모의 말에 패배감을 맛보았기 때문이다.

이럴 때는 환경 자체를 바꿔주어야 한다. 아무리 좋은 학원이라고 하더라도 아이가 지속적으로 실패 경험을 한 학원은 좋은 학원이 아니다. 학습 동기 부분에서 강조한 '즐거움'에도 부합하지 않는다. 이럴 때는 학원을 바꿔주거나 과외를 하는 것도 방법이다. 어렵게 들어간 학원을 그만두는 것, 학원을 옮겼다가 아이의 레벨이 떨어질까봐 걱정하는 부모들이 많은데, 아이에게 성취감과 자신감을 주지 못하는 환경에서 공부하는 것은 생각보다 스트레스다.

원인 3. 신체적 원인(사춘기)

신체적·정신적으로 성장하면서 생기는 심리적 변화로 인해 슬럼프가 와서 학습을 포기하는 경우도 많다. 이때는 조바심을 내지 말고 조금 기다려주는 자세가 필요하다. 몸과 마음이 함께 성장할 시간을 주는 것이다. 이때는 학원에 보내더라도 아이가 수업에 집중하지 못하거나 다른 생각을 하는 경우가 많기 때문에 효과가 없다. 차라리 따뜻한 격려와 학습에 대한 적절한 외적 보상을 해주는 것이 학습 동기 부여 측면에서 더 나을 수 있다.

원인 4. 내 실력보다 쉬워서

이 경우는 많지 않지만, 종종 자신의 실력보다 쉬운 것을 반복하는 과정에서 공부에 흥미를 잃는 아이들이 있다. 아이가 언어를 습득하는 속도가 빠르다면 그 실력에 맞게 조절해줘야 한다. 이런 부류의 아이들은 자신의 수준보다 조금 어려워야 성취 욕구가 높아지므로 조금 어려운 교재를 선택해 아이 스스로 극복할 수 있도록 학습 수준을 높여주는 것이 좋다.

공통적으로 아이들이 영어 공부를 하다가 정체기가 오는 근본적인 원인은 앞에서 설명한 대로 학습 동기의 부재인 경우가 많다. 정체기가 왔을 때는 근본적인 원인을 해결함과 동시에 아이와 함께 학습 동기에 대해서 충분히 이야기하고, 다시 아이의 학습 동기를 불러일으킬 수 있는 방법을 찾아보도록 하자.

엄마표 영어에 '코칭' 더하기

영어 거부증 치료하기

부모 주도에 의한 엄마표 영어는 뜻하지 않은 부작용을 낳을 수 있다. 그럴 때는 엄마가 아이의 마음을 다독여주며, 잠시 쉬어가야 한다. 영어 공부는 오랜 시간이 걸리는 장기 레이스이며, 결국 중요한 것은 최종 실력이기 때문이다. 아이가 영어를 거부하는 경우는 크게 두 가지다. 각각의 경우에 맞는 솔루션은 다음과 같다.

1) 어렸을 때의 영어 트라우마로 학습을 거부하는 경우
   ① 아이와의 관계를 회복하라.
   ② 영어를 공부가 아닌 놀이로 접근하라.
   ③ 영어권 나라와 문화를 함께 알아보라.
   ④ 기존 학습 방법이 아닌 새로운 학습법으로 다시 시작하라.

2) 초등학교 고학년, 갑자기 영어 학습을 거부하는 원인과 해결책
   ① 모국어가 약해서
   ② 영어에 대한 패배 의식 때문에
   ③ 신체적 원인(사춘기)
   ④ 내 실력보다 쉬워서

해결책: 아이를 다그치기보다는 원인이 무엇인지 살펴보고, 그에 맞게 엄마가 가이드하라.

04

아이 성향별 코칭 비법

다름을 인정한다는 것

흥미로운 TV 다큐멘터리 프로그램을 본 적이 있다. 아들을 둔 속 터지는 엄마들에 관한 내용이었다.

"아들은 제가 아무리 불러도 대답이 없어요. 제가 화를 내야만 한번 쳐다봐요."

"똑같은 잔소리를 매일 해도 절대 고쳐지지 않아요."

아들을 둔 엄마들의 공통적인 푸념이었다. 프로그램은 그 원인을, 아들은 남성이기 때문에 여성인 엄마가 이해할 수 없는 생물학적 특성이 있다고 보았다. 즉 남성은 좌뇌와 우뇌를 연결하는 신경다발인 뇌량이 좁고 길어 여러 정보를 통합적으로 처리하지 못하며, 시각이 청각보다 발달해서 놀이 등에 빠져 있을 때는 엄마의 목소리가 들리지 않는다는 것. 그러면서 다음과 같은 솔루션을 제시했다.

① 소통 능력이 부족한 아들, 놀이로 대화하는 법을 익혀라.
② 떼쓰는 아들, 아들은 규칙에 민감하니 함께 규칙을 만들고 그 안에서 협상하라.
③ 시각이 발달한 아들, 놀이 공간과 공부 공간을 분리하고 학습 시 그래프나 도표와 같은 시각적 자극을 활용하라.

아이들을 가르치다 보면 성별의 차이뿐 아니라 타고난 성격 자체가 제각각 다르다는 것을 거의 매일 느낀다. 그리고 그 성격에 따라 학습 성향도 당연히 다르다. 혼자서 공부하는 것을 좋아하는 아이도 있고, 다른 사람과 함께 공부하는 것을 선호하는 아이도 있다. 발표하는 것을 즐기는 아이도 있고, 가만히 앉아서 선생님 설명 듣는 것을 좋아하는 아이도 있다.

앞의 TV프로그램에서는 성별에 따른 솔루션을 제시했는데, 성향에 따라서도 학습법을 제시할 수 있다. 이렇게 아이의 성향을 파악하여 학습법을 적용하면 학습 효율을 좀 더 높일 수 있다.

이를 위해 성격 유형 간이 검사지MMTIC를 통해 아이의 성격을 먼저 파악해보자. 거의 한날한시에 태어났지만 성향은 완전히 다른 우리 집 쌍둥이에게 적용해 보았는데, 비교적 정확한 결과가 나왔다. 나는 이를 바탕으로 각자에게 맞는 학습법을 적용했고, 효과를 보았다.

아이의 성향이 중간 정도라고 생각되는 항목도 있을 것이고, 한쪽에 치우친 성향을 보이는 항목도 있을 것이다. 아이를 가장 잘 아는 사람은 엄마인 만큼 신중하게 아이의 특성을 파악해 보자.

어린이 성격 유형
간이 검사지 체크하기

문제를 읽고 자신에게 더 맞는 설명에 √표시를 합니다. 더 많은 √가 표시된 쪽이 자신의 유형입니다. 만일 동점이 나오면 두 유형 중 I(E, I중), S(S, N중), T(T, F중), J(J, P중)으로 표시하세요.

어린이 성격 유형 간이 검사지 체크

	E 유형		I 유형	
1	여러 친구들과 많이 사귄다.	☐	몇 명의 친구들과 깊이 사귄다.	☐
2	낯선 곳에 심부름을 갈 수 있다.	☐	낯선 곳에 심부름 가는 게 무섭다.	☐
3	모임에서 말이 많은 편이다.	☐	누가 물어볼 때에야 대답한다.	☐
4	활발하고 적극적이라는 말을 많이 듣는 편이다.	☐	조용하고 차분하다는 말을 많이 듣는 편이다.	☐
5	내 기분을 즉시 남에게 알린다.	☐	내 기분을 마음속으로 간직한다.	☐
6	많은 친구들에게 얘기하는 게 더 좋다.	☐	친한 친구들에게 얘기하는 게 더 좋다.	☐
7	친구들과 함께 공부하면 잘된다.	☐	나 혼자 공부하는 게 더 잘된다.	☐
8	책 읽는 것보다 사람을 만나는 것이 더 좋다.	☐	사람을 만나는 것보다 책을 읽는 것이 더 좋다.	☐
9	글쓰기보다 말하기가 더 좋다.	☐	말하기보다 글쓰기가 더 좋다.	☐
10	생각이 바로 밖으로 표현된다.	☐	생각에 빠질 때가 자주 있다.	☐
	■ 나의 에너지 방향은? ☐			

	S 유형		N 유형	
1	구체적이고 정확한 표현을 잘 기억한다.	☐	상상 속의 이야기를 잘 만들어낸다.	☐
2	주변 사람의 외모나 특징을 잘 기억한다.	☐	물건을 잃어버릴 때가 종종 있다.	☐
3	꾸준하고 참을성 있다는 말을 듣는다.	☐	창의적이고 독창적이라는 말을 듣는다.	☐
4	손으로 직접 하는 활동이 좋다.	☐	기발한 질문을 많이 하는 편이다.	☐
5	그려진 그림에 색칠하는 것이 더 좋다.	☐	직접 선을 긋고 색칠하는 게 더 좋다.	☐
6	자세한 내용을 잘 암기할 수 있다.	☐	부분보다는 전체의 틀이 잘 보인다.	☐
7	남들 하는 대로 따라하는 게 편하다.	☐	스스로 나만의 방법을 만드는 게 편하다.	☐
8	"그게 진짜야?"식의 질문을 한다.	☐	공상 속에 친구가 있기도 하다.	☐
9	꼼꼼하다는 말을 자주 듣는다.	☐	"하고 싶다, 되고 싶다"하는 꿈이 많다.	☐
10	관찰을 통해 더 잘 배운다.	☐	누구나 하는 일은 재미가 없다.	☐

■ 나의 에너지 방향은? ☐

	T 유형		F 유형	
1	"왜"라는 질문을 자주 한다.	☐	남의 말을 잘 따르는 편이다.	☐
2	의지가 강한 편이다.	☐	인정이 많다는 말을 듣는다.	☐
3	꼬치꼬치 따지기를 잘하는 편이다.	☐	협조적이고 순한 편이다.	☐
4	참을성이 있다는 말을 듣는 편이다.	☐	어려운 사람을 보면 마음이 좋지 않다.	☐
5	공평한 사람이 되고 싶다.	☐	친절한 사람이 되고 싶다.	☐
6	야단을 맞아도 울지 않는 편이다.	☐	야단을 맞으면 눈물을 참을 수 없다.	☐
7	어른이 머리를 쓰다듬으면 어색하다.	☐	어른이 머리를 쓰다듬으면 기분이 좋다.	☐
8	논리적으로 설명을 잘한다.	☐	이야기에 요점이 없을 때가 있다.	☐
9	악당이 당하는 장면은 통쾌하다.	☐	악당이지만 그래도 불쌍하다.	☐
10	결정내리는 일이 어렵지 않다.	☐	양보를 잘하고 결정 내리기가 힘들다.	☐

■ 나의 에너지 방향은? ☐

	J 유형		P 유형	
1	공부나 일을 먼저 하고 논다.	☐	먼저 놀고 난 후에 일을 한다.	☐
2	쫓기면서 일을 하는 게 싫다.	☐	막판에 몰아서 일을 할 수도 있다.	☐
3	정리정돈된 깨끗한 방이 좋다.	☐	방이 어지러워도 상관없다.	☐
4	사전에 계획을 짜는 편이다.	☐	계획을 짜는 것은 왠지 불편하다.	☐
5	규칙적인 생활을 하는 편이다.	☐	상황에 따라 유연하게 행동한다.	☐
6	준비물을 잘 챙기는 편이다.	☐	준비물을 잘 잊어먹는 편이다.	☐
7	계획에 없던 일이 생기면 짜증난다.	☐	틀에 박힌 생활은 재미가 없다.	☐
8	목표가 뚜렷하고 실천을 잘한다.	☐	색다른 것이 좋고 짧은 공상을 한다.	☐
9	계획적으로 일을 하는 편이다.	☐	그때그때 일을 해치우는 편이다.	☐
10	남의 지시에 따르는 편이다.	☐	내 마음에 따라 행동하는 편이다.	☐

■ 나의 에너지 방향은? ☐

검사결과 나의 성격 유형은 ☐☐☐☐
(앞에서 선택한 4가지 유형의 알파벳을 써보세요 예: ISTJ, ENFP 등)

아이의 성향에 따른 영어 학습법

1) 아이의 에너지 방향에 따른 구분

1-1) 외향형(E)

외향형은 에너지가 밖으로 향할 때 힘을 얻으며 활발하고 의욕적이며 주변에서 일어나는 일에 관심이 많다. 외향형 학습자의 경우 혼자 학습하기보다는 친구들과 함께하거나 모둠으로 학습하는 방식을 선호한다. 아는 것을 발표하거나, 실제로 나와서 경험하는 학습을 할 경우 더 오래 기억하는 편이다. 단순히 필기를 하며 진행하는 수업보다는 연극이나 토론 등의 방식이 더 적합하다.

또한 외향형 아이는 영어 공부를 할 때 단순히 듣는 것만으로는 부족하다. 밖으로 분출하려는 욕구가 있는 만큼 들은 것을 다른 사람에게 이야기하게 하거나 배운 내용을 물어봐 주어야 실력이 향상된다. 혼자서 영어책 읽는 것을 힘들어할 때는 비슷한 실력을 가진 또래와 그룹을 지어주고, 친구들과 읽은 것에 대해 이야기하게 해주는 것이 좋다. 학원을 선택할 때도 선생님과의 대화를 통해 수업을 진행하는 소수 정예 스타일이 바람직하다. 이 유형의 아이의 경우에는 다른 사람을 가르치는 것을 좋아하므로 자신이 배운 내용을 다른 사람에게 설명할 수 있는 기회를 마련해주는 것도 좋은 방법이다.

1-1) 내향형(I)

내향형은 에너지가 안으로 향할 때 힘을 얻는 유형으로, 혼자 조용히 생각에 잠기거나 하나에 집중하는 것을 좋아한다. 말보다는 글로 표현하는 것이 편한 스타일이고, 확실히 알기 전까지는 행동하지 않는다. 참고로 학년이 올라갈수록 내향형 학습자의 특성을 갖는 아이도 꽤 있다. 내향형 아이는 책을 읽거나 깊이 생각하면서 혼자 조용히 공부하는 것을 선호한다.

내향형의 경우에는 영어책을 읽는 것만으로도 영어 실력이 크게 향상될 수 있다. 책을 읽으면서도 깊이 사고하고 생각하는 성격인 만큼 영어책을 다독할 것을 추천한다. 또한 영어 듣기 자체는 좋아하지만 다른 사람들 앞에 나서서 말하는 것은 좋아하지 않으므로 억지로 많은 사람들 앞에서 말하는 연습을 시키는 것보다는 조용한 공간에서 스스로 연습할 수 있도록 도와주는 것이 좋다. 말하기 학습을 할 때는 말하는 것을 녹음하고 듣는 과정을 통해 스스로 발전된 모습을 느끼게 해주면 좋다.

2) 학습자 인식 기능에 따른 구분
2-1) 감각형(S)

감각형은 보고, 듣고, 맛보고, 실제로 만져보면서 이해하는 경향이 강하다. 새로운 것보다는 남들 하는 대로 따라하는 것을 선호하며, 암기력이 뛰어나 배운 내용을 꼼꼼하고 확실하게 기억한다. 꾸준하고 참을성 있게 학습하는 유형으로, 자신만의 공부법을 갖고 있는 경우가 많다. 영어 단어를 어렵지 않게 암기하기 때문에 영어 실력이 빠르게 발전하는 편이다. 또한 배운 것의 반복을 지루해하지 않기 때문에 복습을 통해 학습하게 하는 것이 효과적이다.

또 감각형 아이의 경우 여러 교재를 다양하게 공부하기보다는 하나의 교재를 여러 번 반복하는 것이 좋다. 오디오나 영상을 이용하면 효과를 더욱 높일 수 있다. 감각형 아이는 자세하고 꼼꼼하게 설명해주는 것이 중요하며, 자신에게 익숙한 공부법으로 공부하게 해줘야 한다.

2-2) 직관형(N)

　직관형은 새로운 일을 만드는 것을 좋아하고, 미래에 대해 희망하는 것이 많다. 그래서 새롭거나 상상력을 북돋우는 이야기를 해주면 수업에 흥미를 느낀다. 꼼꼼하게 학습하기보다 전체의 흐름에 더 잘 집중한다. 그러므로 직관형 아이의 경우에는 단계적으로 짜놓은 커리큘럼보다는 아이에 맞춰 수업을 진행하는 것이 좋다. 단순 암기와 외우는 것을 좋아하지 않기 때문에 단어나 문장 암기 시험으로는 영어에 대한 흥미를 잃을 수 있다.

　직관형 아이에게는 복습보다는 다음 시간에 배울 내용을 스스로 찾게 하고, 알고 싶은 내용을 적어오게 하는 예습이 더 효과적이다. 비슷한 스타일의 교재보다는 다양한 출판사의 교재 중에서 아이가 흥미를 느낄 교재로 진행할 것을 추천한다.

3) 판단 기능에 따른 구분

3-1) 사고형(T)

　사고형은 결정하고 판단할 때 자신이 알고 있는 사실을 중심으로 결정한다. 한번 마음먹은 것은 알 때까지 끈질기게 공부하는 유형으로, 논리적인 것이 특징이다. 그래서 원인과 결과를 찾는 학습법을 좋아하고, 자신이 남들보다 앞서 있을 때 더 자극 받고 열심히 한다. 궁금한 것은 질문을 통해 반드시 자기 것으로 만든다. 사고형 아이는 다른 학습자에 비해 학습 결과가 빠르게 나타나며, 주변 환경에 큰 영향을 받지 않는다. 스스로 자료를 수집하고, 자료를 조직화하여 평가받는 프로젝트 수업이 적합하다.

3-2) 감정형(F)

감정형은 결정할 때 사람과의 관계를 먼저 생각하여 판단한다. 우리나라에 특히 많이 나타나는 유형으로, '관계'를 매우 중요시하기 때문에 교실 분위기, 부모나 친구와의 관계 등에 매우 큰 영향을 받는다. 자신보다 공부를 못하는 친구를 도와주거나 자신이 배우는 내용이 다른 사람에게 도움을 줄 수 있다고 생각하면 더 열심히 공부한다. 이 유형의 아이에게 가장 중요한 것은 격려와 칭찬, 그리고 인정이다. 감정형 아이는 학습 내용이 아무리 어려워도 부모님, 선생님과의 관계가 좋고 칭찬을 받으면 힘을 받아 공부한다.

4) 학습자의 생활양식에 따른 구분

4-1) 판단형(J)

판단형은 계획을 세우고 실천하며 해야 할 일을 마감일까지 마치는, 흔히 말하는 모범생 유형이다. 숙제도 미루지 않고, 모든 학습을 할 때 계획을 세우고, 그 계획을 잘 지키는 편이다. 성실하고 끈기 있으며, 시간을 낭비하지 않고 자신을 통제할 수 있다.

판단형의 아이는 부모님이나 선생님이 특별히 개입하지 않아도 스스로 학습이 가능하기 때문에 자기 주도형 학습법으로 공부를 진행해도 크게 문제가 없다. 부모님이나 선생님이 학습법에 대해 참견하거나 다른 방법을 제시하는 것이 오히려 아이의 흥미를 떨어트릴 수 있으므로 주의해야 한다.

4-2) 인식형(P)

인식형은 어린 학습자에게서 많이 나타나는 유형으로, 때에 따라 자주 바뀌고 계획을 세워 공부하는 것을 좋아하지 않는다. 인식형 아이는 호기심이 많고 창의적이며, 답이 여러 개일 경우에 흥미를 느낀다. 호기심이 많은 만큼 행동으로 표현하는 학습을 할 때 효과적이며, 공부가 놀이처럼 느껴져야 공부할 마음을 갖는다.

인식형 아이는 학습만 해서는 쉽게 지치므로 학습과 놀이를 섞어주는 것이 좋다. 쉽게 지루함을 느낄 수 있으므로 영어 공부의 내용과 방법 역시 일관되기보다는 주기적으로 바꿔주는 것이 좋다. 아이를 지나치게 통제하거나 숙제를 많이 내줄 경우 반항할 수 있으므로 적절하게 조절하는 것이 바람직하다.

아이의 성향 파악, 천천히 가더라도 정확하게 가는 길

앞서 말했듯이 나 역시 우리 아이들의 성향을 파악하기 위해 성격 검사를 진행했고, 두 딸의 검사 결과는 모든 부분에서 반대되는 것으로 나왔다. 한 명은 외향형이고, 한 명은 내향형이었다. 외향형인 아이에게는 최대한 말을 하고 소리를 내면서 발표하게 하는 방식으로 학습할 것을 권했다. 본래 언어를 공부할 때는 소리를 내면서 학습하는 것이 효율적이지만 내향형 아이가 소리를 내지 않고 학습한다고 해서 억지로 시키거나 강요하지는 않았다. 앞에서 발표하는 것을 부담스러워하면 방에서 혼자 동영상을 촬영하며 공부하게 했다.

두 아이가 가장 큰 차이를 보인 부분은 판단형과 인식형이었다. 판단형 아이의 경우 모범생 스타일인 만큼 지도하기는 편했지만 자신이 해야 할 공부가 분명하지 않거나 계획이 흐트러지면 힘들어하는 모습을 보였다. 나는 아이의 심리를 보듬어주는 일에도 신경을 썼다. 다른 무엇보다 공부를 먼저 마쳐야 하고, 새로운 방식을 제시하는 것을 싫어한다는 것을 알았기 때문에 영어 공부에서도 일정한 틀과 스케줄을 제시해주었다. 변화가 생길 때마다 적응하는 데 스트레스를 받는다는 것을 감안하여 최대한 기존의 학습법을 유지했다.

다른 아이는 완전한 인식형이었다. 그날그날 하는 공부 양도 들쭉날쭉하고, 공부를 하다가도 밖에서 하는 이야기를 다 듣고 참견하는 스타일이었다. 이런 아이의 성향을 감안하여 20분 단위로 끝낼 수 있도록 공부 양을 조정하고 20분 뒤에 배운 내용을 말하는 방식으로 공부에 대한 아이의 지겨움을 최소화하기 위해 노력했다. 공부 양과 시간은 줄여주는 대신 공부한 것을 최대한 기억할 수 있도록 자주 물어보고 질문했다. 또한 학습만 하는 것을 지겨워하는 특성도 감안하여 인형을 가지고 영어 연극을 하게 하거나 그림으로 내용을 정리하고 발표하도록 지도했다.

이렇듯 간단한 검사를 통해 내 아이의 학습 유형을 점검하고 그에 맞는 공부법을 적용하는 것도 학습 효과를 높일 수 있는 좋은 방법이다. 이중 어떤 유형도 나쁜 것은 없다. 다만 다를 뿐이다.

엄마표 코칭 영어
=진정한 '쉬운' 학습법

기존의 엄마표 영어는 엄마 주도의 일방적 학습법으로, 방법적으로 쉬워 보이고 시작하기도 편하다. 하지만 이른 시기에 시작한 조기 학습은 아이와의 교감이 적고, 부작용이 생길 수 있으며, 효과를 보기까지 오랜 시간이 걸리는, 실질적으로는 매우 '어려운' 학습법이다. 하지만 기존 엄마표 영어에 '코칭'을 더하면 부작용을 줄일 수 있다. 학습 시작 시기는 늦춰질지 몰라도 아이 주도로 아이의 성향에 맞게 학습을 진행하는 만큼 효율적이기 때문이다. 천천히 가도 정확히 가는 것이 효과가 확실하다면 진정 '쉬운' 학습법이지 않을까?

엄마표 영어에 '코칭' 더하기

성향에 따른 영어 학습법

유형	영어 학습법
외향형 (E)	• 활발하고 의욕적이며 주변에서 일어나는 일에 관심이 많음 • 학습한 것을 분출하고 공유하도록 유도 예시) 듣기/읽기 내용 질문&설명하기, 그룹 수업, 다른 학생 가르치기
내향형 (I)	• 혼자 조용히 생각에 잠기거나 하나에 집중하는 것 선호, 말보다는 글이 편한 스타일 • 혼자 공부하는 것을 선호. 예시) 다독, 격려, 스스로 영어 말하기 녹음
감각형 (S)	• 실제로 보고, 듣고, 맛보고, 만져보면서 이해, 새로운 것보다는 누군가를 따라하는 것을 선호 • 오디오나 영상을 이용한 학습 효과적, 자세하고 꼼꼼한 설명 필요, 자신에게 익숙한 공부법 선호 예시) 복습을 통한 학습이 효율적, 같은 교재 반복
직관형 (N)	• 새로운 일을 만드는 것을 좋아하고, 미래에 대해 희망하는 것이 많음 • 꼼꼼하게 학습하기보다는 전체 흐름을 보면서 학습하도록 유도해야 함 예시) 예습을 통한 학습, 다양한 책으로 진행
사고형 (T)	• 결정하고 판단할 때 자신이 알고 있는 사실을 중심으로 결정 • 원인과 결과를 찾는 학습법 유도, 궁금한 것을 스스로 학습할 수 있도록 지도 예시) 프로젝트 학습법
감정형 (F)	• 결정할 때 사람과의 관계를 먼저 생각하여 판단, 칭찬과 격려 및 인정이 중요 • 다른 사람을 돕는 것을 좋아함 예시) 자신보다 못하는 친구 가르쳐주기
판단형 (J)	• 계획을 세우고 실천하며 해야 할 일을 마감일까지 마치는 스타일 • 계획에 없거나 누가 참견하면 학습 효과가 떨어짐, 스스로 학습할 수 있도록 유도 예시) 자기 주도 학습
인식형 (P)	• 상황에 따라 기분이 바뀌고, 계획을 세워 공부하는 것을 좋아하지 않음 • 공부가 놀이처럼 느껴지도록 하는 것이 효과적 예시) 학습과 놀이를 섞어서 하는 것이 좋음

+ 플러스 코칭

8세 이전까지 해놓으면 좋은 영어 준비 운동

앞에서 초등학교 입학 전까지 최대한 많은 책을 읽고 모국어 실력을 쌓을 것을 여러 번 강조했다. 그렇다면 얼마나 어떻게 읽는 것이 좋을까?

나는 우리 쌍둥이들이 어렸을 때 『하루 나이 독서』(이상화)라는 책을 인상 깊게 읽었다. 한 살이면 하루에 한 권, 두 살이면 하루에 두 권……. 이런 식으로 일곱 살에는 하루에 일곱 권씩 읽는 독서법에 대한 책이었다. 아이들에게 하루 나이 독서를 실천하면서 책 제목과 저자, 출판사 정도만 간단하게 노트에 적게 했다.

사실 8세 이전에 많은 것을 기대하기 어렵다. 이때 중요한 것은 2가지다. 한국어 책 정독하기와 대화를 통한 모국어 확장하기. 이 2가지만 확실하게 진행해도 영어 준비 운동으로 충분하다. 이를 위해 엄마는 다음의 4가지를 코치해야 한다.

1. 책을 좋아하도록 유도하라

책의 권수도 중요하지만 최대한 여러 분야의 책을 즐겁게 읽을 수 있어야 한다. 나는 쉬운 수준의 책은 아이들 스스로 읽게 하고, 조금 어려운 책은 내가 읽어주면서 다양한 수준의 책에 익숙해지도록 했다. 아이들이 독서를 '공부'가 아닌 '놀이'로 생각할 수 있도록 책을 보고 퀴즈를 내거나 그림을 보고 다른 스토리로 꾸미거나 결말을 다르게 생각해보는 등 아이들이 최대한 책을 '즐겁고 신비로운 것'으로 생각하게 만들었다.

2. 책의 내용을 정확히 이해하도록 하라

책에 나오는 사건과 주인공들에 대해 그림을 그리거나 대화함으로서 책의 내용을 꼼꼼히 이해하고 넘어가는 것도 중요하다. 초등학교 입학 이후에는 쌍둥이에게 책을 읽은 뒤에는 내용을 요약해서 말하게 하고, 어려운 단어가 있는 문장은 필사하게 하여 내용과 단어를 정확하게 습득하도록 했다. 모르는 단어가 나오면 같이 의미를 추측해보고, 그 의미가 맞는지 어린이 국어사전을 찾아보았다. 한국어 책을 읽으면서 어려운 단어의 의미를 추측하고 파악하는 연습이 되어 있지 않은 아이가 영어책을 읽으면서 모르는 단어의 의미를 추측하는 것은 현실적으로 어렵다.

모국어를 습득하는 단계는 모든 아이들이 비슷하지만 수준은 다르듯이 모국어를 깊이 공부하는 습관 자체가 다른 언어를 공부할 때도 적용된다고 보면 된다. 한국어 책을 읽을 때 정확하게 깊은 의미까지 파악하는 아이는 영어책을 읽더라도 내용을 깊게 이해하겠지만 모국어 책을 대충 읽는 아이라면 영어책을 읽을 때도 깊이 있게 읽어내기 힘들다.

3. 책의 수준을 높여 가라

글밥이 많아서 아이가 조금 어려워하는 책이나 위인전도 도전하게 해주는 것이 좋다. 이런 경우에는 엄마가 먼저 읽어준 뒤에 아이가 반복적으로 읽도록 지도하면 된다. 한국어 책에 대한 이러한 도전은 원서를 읽을 때도 그대로 적용되어 글밥이 많고 그림이 없는 원서에 도전할 때 부담은 덜어주고 자신감은 키워준다.

4. 책을 읽은 뒤에는 대화로 확장하라

영어책을 읽어줄 힘을 다해 한국어 책을 읽어주어라. 우리는 한국어가 모국어인 만큼 영어책은 재미있게 읽어주기 힘들어도 한국어 책은 재미있고 실감나게 읽어줄 수 있다.

대화를 할 때도 마찬가지다. 단순히 단어를 영어로 알려주기보다는 대화를 통해 모국어가 최대한 확장될 수 있게 해주어야 한다. 예를 들면, 사과를 단순히 '애플apple'이라고 가르쳐주기보다는 "사과는 무슨 색깔이지?" "사과의 크기가 얼마나 되지?" "사과와 크기가 비슷한 물건은 무엇이 있지?" "사과의 맛은 어떻지?" "사과를 씹으면 어떤 소리가 나지?"처럼 대화를 확장해나가면 된다. 이렇게 하면 자연스럽게 아이의 언어 주머니가 확장되는 것을 도울 수 있다.

아이의 커져버린 모국어 주머니만큼 나중에 영어나 다른 언어도 비슷한 크기와 수준으로 담을 수 있을 것이다.

4장
소수만 아는 영어 학습 비법

01

인풋(입력) 극대화하기
: 듣기 편

인풋과 아웃풋의 상관관계

지금부터는 영어 학습의 기본인 '읽기, 듣기'와 '말하기, 쓰기'의 학습법에 대해 살펴볼 것이다. 여기서 읽기와 듣기가 인풋Input이라면 말하기와 쓰기는 아웃풋Output이다. 아울러 기존 엄마표 영어에서 소외되고 있는 '단어와 문법' 공부의 필요성에 대해서도 함께 생각해 보려고 한다. 이번 장에서 이야기하는 각 영역의 학습법에 대해 이해하고 공감한다면 마지막 6장에 나오는 엄마표 코칭 영어 액션 플랜Action Plan을 아이에게 적용하는 데 큰 도움이 될 것이다.

여기, 엄마표 영어를 시작하려는 엄마가 있다. 엄마는 처음으로 아이에게 영어를 가르치기 위해 책상에 앉았다. 일반적으로 아이에게 처음 영어를 가르칠 때는 가장 먼저 알파벳을 익히고 파닉스를 공부하게 한다. 파닉스를 통해 알파벳 각각의 음가를 익히고 단어를 배우게 하는 것이다. 단어를 읽고 소리 내는 법을 공부한 뒤에는 그것을 바탕으로 간단한 문장을 듣고 읽는 연습을 한다. 이를 보통 아이에게 언어를 노출하고 주입하는 과정, 즉 인풋Input이라고 칭한다.

기존의 엄마표 영어는 인풋에 초점이 맞춰져 있다. 엄마가 아이에게 최대한 많이 들려주고 영어 책을 많이 읽게 함으로써 아이 스스로 영어를 습득하게 하는 것이다. 나 역시 영어 학습의 기본은 많이 들려주고 많이 읽게 하는 것이 좋다는 데 동의한다.

그런데 의문이 들었다. '주입Input한 영어를 사용할 기회가 제한적인 국내(EFL 환경)에서 효과를 극대화할 수 있는 방법이 무엇일까?' 유아기 때부터 엄마표 영어를 해온 아이들은 짧게는 2~3년, 길게는 4~6년 가까이 영어를 공부했지만 우리 집 쌍둥이는 초등학교에 입학하면서 영어를 시작했기 때문에 상대적으로 주어진 시간이 짧았다. 따라서 짧은 시간에 효과를 볼 수 있는 영어 공부법을 고민하기 시작했다. 여담이지만, 유아기 때부터 영어를 가르쳤다면 그 긴 시간을 견디지 못하고 나도 쌍둥이도 영어를 포기했을 수 있다.

결론부터 말하자면 아웃풋Output, 즉 말하고 쓰는 것을 결합하여 학습하게 해야만 인풋의 효과를 최대치로 끌어올릴 수 있고, 영어 실력을 효율적으로 높일 수 있다. 무슨 말인지 궁금할 것이다. 그럼 지금부터 아웃풋을 이야기하기 전 기초가 되는 인풋의 '듣기'에 대해 먼저 살펴보자.

영어 공부의 시작은 듣기다

언어를 학습하는 데 있어 가장 먼저 시작하는 학습은 '듣기'다. 아직 글자를 배우기 이른 유아를 대상으로 하는 엄마표 영어에서 듣기는 영어 학습의 시작이자 성공의 열쇠로 여겨진다. 엄마표 영어는 통상적으로 듣는 방법에 대해서 흘려듣기와 집중듣기의 방법론을 소개하고 있다. 듣기를 강조하는 만큼 어떤 것을 들려주면 되는지에 대해서도 관심이 많다. 엄마표 영어를 다루는 대부분의 책들은 나이나 학습 기간, 레벨에 따른 책과 DVD 등을 제시한다. 그럼에도 불구하고 여전히 어떤 것을 들려주면 좋을지에 대한 질문을 많이 받는다. 많은 시간 듣기를 했음에도 아이의 귀가 좀처럼 열리지 않으니 듣기 자료에 대한 고민으로 이어지는 것이다. 구체적인 방법을 제시하기에 앞서 흘려듣기와 집중듣기의 개념부터 이해하고 넘어가자.

엄마표 영어의 듣기 학습법

흘려듣기란?
아이가 재미있어하는 DVD나 CD, 음원 등을 보거나 들으며 부담 없이 영어를 듣게 하는 것

집중듣기란?
책을 보며 글자와 소리를 맞춰가는 과정으로, 영어 리듬과 억양을 익히고 글자에 익숙해지는 것을 목적으로 한다.

아이가 이해 가능한 것을 들려주어라

"아이에게 어떤 것을 들려주는 것이 가장 좋을까요?"

영어 상담을 하거나 엄마표 영어 관련 카페에서 자주 듣는 질문 가운데 하나다. 엄마표 영어를 하면서 아이가 잘 알아듣지 못하거나 흥미를 잃을 때, 오랜 시간 듣기를 했음에도 귀가 트이지 않을 때 엄마들은 자신의 아이에 대해 0.1%도 모르는 타인에게 문의한다.

"아이에게 흥미로운 것을 들려주거나 보여주는 것이 좋습니다."

"무조건 쉬운 것을 들려주세요. 아무리 많이 들려줘도 알아듣지 못하면 아무 소용없대요."

"CNN, BBC, TED 같은 어려운 것을 들려주세요. 많이 듣다보면 언젠가는 알아듣습니다."

질문에 대한 답변도 엄마들의 경험치만큼 극단적이다. 그렇다면 옳은 답은 무엇일까?

엄마들이 온라인 영어 카페에 이런 질문을 하는 것은 듣기의 '양'에만 관심이 있기 때문이다. 엄마표 영어는, 외국어가 '학습'이 아닌 '습득'이 되기 위해서는 모국어처럼 가능한 많은 시간 노출되어야 한다고 생각하기 때문이다.

그렇다면 무조건 많이 듣는다고 해서 영어 실력이 향상될까? 앞에서도 누누이 말했지만 영어를 모국어와 함께 사용할 수 있는 ESL 상황에서는 가능하지만 영어를 실생활에서 거의 사용하지 않는 EFL 상황에서는 어려운 일이다. ESL 상황에서는 많이 들었던 다양한 단어와 문장이 학교나 가정에서 그리고 친구들과 어울리면서 자연스럽게 사용할 기회가 많기 때문에 많이 듣는 것이 실력 향상에 도움이 된다. 하지만 EFL 상황에서 듣기가 성공하기 위해서는 반드시 다음의 단계를 거쳐야 한다.

인풋 이론을 대표하는 크라센 박사는 영어가 학습이 아닌 습득이 되기 위해서는 모국어를 배울 때와 마찬가지로 많은 시간 인풋(입력)이 필요하다고 주장한다. 여기서 많은 사람들이 잘못 이해하고 있는 부분이 있는데, 크라센이 말한 인풋은 단순히 많은 양의 입력을 의미하는 것이 아니다. 크라센이 강조하는 입력은 '이해 가능한 입력comprehensible input'이다. 이해 가능한 입력이란 학습자의 수준보다 약간 상회하는 입력을 말한다. 즉 영어를 실생활에서 거의 사용하지 않는 EFL 환경의 듣기에서 필수적인 단계는 학습자가 들은 내용을 '이해'하는 것이다. 아이가 주변의 상황이나 문맥을 통해 충분히 이해할 수 있는 듣기가 아니면 아무리 많이 듣더라도 영어 실력 향상에는 도움이 되지 않는다는 뜻이다.

또한 너무 쉬운 문장은 듣기에는 거부감이 없지만 새로운 지식으로 흡수되지 않기 때문에 이 또한 시간 낭비다. 결국 무조건 많이 듣고, 영어 소리에 익숙해지다 보면 어느 순간 귀가 뻥 하고 뚫린다는 말은 잘못된 지식과 믿음이 만들어낸 하나의 '설'에 불과하다. 만약 그 방법이 효과가 있었다면 그 과정 안에 분명 아이의 끊임없는 '자발적인 이해의 노력'이 들어 있을 것이다.

듣기의 방향을 바꾸어라

듣기와 함께 엄마가 아이의 영어 학습을 위해 시도하는 대표적인 방법은 영어 대화다.

"Are you hungry?(배고프니?)"

"Brush your teeth.(이빨 닦으렴.)"

"It's time to go to bed.(이제 잘 시간이야.)"

이런 일상의 대화에서 학습자가 이 문장들을 알고 있는 경우 지속적으로 말하는 것은 큰 도움이 되지 못한다. 학습자의 수준을 상회하는 수준이 아니기 때문이다. 그럼에도 불구하고 아이의 수준과 상관없는 흘려듣기와 집중듣기가 이루어지고 있는 현실이 안타깝다. 누군가가 맞춰놓은 틀에 따라 같은 방식으로 진행되고 있는 지금의 학습 방법이 문제가 있음을 인식해야 한다. 이해할 수 없는 문장을 계속 듣다 보면 아이 입장에서는 더더욱 영어가 재미없어지고, 결국엔 영어를 소음으로 인식할 수 있다. 아무리 재미있고 흥미 있는 내용의 중국 영화가 있다 한들 중국어를 모르는 사람에게 그 영화가 과연 재미있을까? 아이도 같은 심정임을 잊지 말아야 한다.

그렇다면 이해 가능한 듣기를 효과적으로 하는 방법은 무엇일까? 의외로 쉽고 상식적이다. 기존의 엄마표 영어는 흘려듣기와 집중듣기가 개별적인 음원으로 진행되거나 흘려듣기 후 집중듣기 단계로 넘어가는 방식이다. 하지만 엄마표 코칭 영어는 집중듣기한 것을 흘려듣기 해야 한다고 생각한다. 즉 아이가 집중듣기를 통해 이해한 것을 '흘려들려' 주어야 한다는 것이다.

모르는 것은 들리지 않는다. 이는 다시 말해 아는 만큼 들린다는 의미다. 아프리카어를 모르는 사람이 아프리카어를 흘려듣는다고 해서 아프리카어를 인식하는 귀가 뚫리기는 힘들다. 아프리카어를 모르는 사람에게는 그냥 '아프리카어로 된 소리'일 뿐이다. 하루 3시간씩 매일매일 아프리카어를 집중듣기와 흘려듣기 한다고 해서 모국어처럼 습득이 가능할까? 아이들은 어릴 때부터 영어에 노출된 데다 기본 단어들을 알고 있으니 가능하다고 생각하겠지만 사실 아이들에게는 영어나 아프리카어나 똑같은 외계어일 뿐이다. 공부하고 이해한 것을 반복하여 익히는 것이 빠를까? 아니면 모르는 소리를 지속적인 노출을 통해 습득하는 것이 빠를까? 물어보지 않아도 답은 뻔하다.

여기서 또 한 가지 중요한 사항이 있다. 기존 엄마표 영어의 집중듣기와 엄마표 코칭 영어의 집중듣기에는 큰 차이가 있다는 점이다. 기존 엄마표 영어의 듣기가 영어 리듬과 억양을 익히고 글자에 익숙해지는 것이 목적이라면 엄마표 코칭 영어의 집중듣기는 문장을 이해하고 나서 '의식적으로 외우려는 노력을 통해' 반복적으로 듣고 따라하는 과정을 말한다. 모국어도 아닌 영어를 몇 번의 반복으로 암기하기는 힘들다. 따라서 집중듣기를 통해 암기하도록 노력하고, 공부한 문장들은 흘려듣기를 통해서 문장들이 머릿속에 굳어지게 해야 한다.

몰래 들려주자

"쌍둥이가 참 대단해요. 이렇게 빨리 영어 실력이 느는 아이들은 처음이에요."

쌍둥이가 초등학교 1학년 때 처음 영어 공부를 하기 위해 선택한 교재의 방문 선생님이 한 말이다. 그러면서 선생님은 나에게 비법을 물어보았다. 내가 진행한 학습법은 의외로 간단하다. 선생님과 함께하는 진도량 자체가 많지 않기 때문에 선생님이 내준 숙제를 한 뒤 이미 진행한 내용과 앞으로 진행할 내용의 암기를 돕기 위해 흘러듣기를 해준 것이다. 숙제를 할 때는 집중듣기로 글자를 정확하게 인식할 수 있도록 돕고, 나머지 시간은 그날 배운 내용과 앞으로 배울 내용을 노출시켜 주었다. 그리고 한 가지 더, 아이들이 모르는 사이에 문장 전체를 완전히 외울 수 있도록 '몰래 들려주기'를 병행했다.

아이에게 일정한 시간 동안 부담 없이 들려주는 것이 흘러듣기라면, 여기서 더 세분화하여 엄마가 의식적으로 아이에게 반복듣기를 시켜주지만 아이는 잘 인식하지 못하는 경우를 '몰래 들려주기'로 구분했다. 즉 흘러듣기는 집중듣기 외에 아이에게 필요한 최소한의 듣기 노출로, 시간을 미리 세팅해놓고 아이가 자신의 학습을 위해 CD를 트는 의식적 노력이 필요하다. 하지만 몰래 들려주기는 아이가 인식하지 못하는 사이에 최대한 음원에 노출시키기 위한 것으로, 엄마 주도의 추가적 듣기라는 점에서 차이가 있다.

* **기존 엄마표 영어**
: 흘려듣기 → 집중듣기 또는 흘려듣기+집중듣기

* **엄마표 코칭 영어**
: 집중듣기(이해와 의식적으로 외우려는 노력) → (집중듣기한 것) 흘려듣기, 엄마가 몰래 들려주기

쌍둥이의 듣기 방법을 좀 더 자세히 설명하겠다. 먼저 듣기 자료를 두 가지로 구분했다. 첫 번째는 아이가 영어 학습을 위해 주로 듣는 메인 교재의 CD와 음원이다. 메인 교재는 내용을 외울 때까지 들어야 하기 때문에 CD와 음원이 매우 중요하다. 성우의 목소리, 배경 음악, 내용 등 아이들이 정말 좋아하는 것이어야 한다.

우리 집 쌍둥이는 특별히 좋아하는 교재가 있었던지라 중고 사이트를 통해 1(시작)단계부터 10(마무리)단계까지 단계별로 각 2세트씩 구입했다. 그리고 모든 레벨의 CD를 집중듣기하면서 내용을 전부 이해하고 흘려듣기와 몰래 들려주기 방법으로 CD별로 100번 넘게 들려주었다. 아이들에게 최대한 공부로 느껴지지 않게 하기 위해 모든 방과 거실에 CD플레이어를 설치해두고 아이들이 놀 때와 밥을 먹을 때는 물론 특별한 일 없이 쉬고 있을 때도 음의 높낮이를 조절하면서 '몰래 들려주기'를 시도했다.

몰래 들려주기는 상당한 효과가 있어서 아이들은 자신들이 하루에 1시간만 공부하고 있다고 느낄 만큼 영어를 하는지 몰랐다고 한다. 이처럼 공

부를 공부처럼 느끼지 않도록 몰래 들려주는 것이 핵심이다. 또 하나, 매번 똑같은 CD를 틀어주는 것이 아니라 최대한 번갈아 가면서 최근 것과 예전 것을 들려주었다. 단, 아이들이 너무 쉬워하는 것은 제외했고, 말 그대로 귀에 못이 박히도록 들려주었다.

여기서 엄마에게 두 가지 스킬이 필요하다. 아이들 몰래 들려주어야 하는 만큼 재빠른 손놀림, 그리고 어떤 CD를 얼마나 틀어주었는지 기억하는 능력이다. 아이의 모습을 지켜보면서 재빨리 CD를 장착해야 하는데, 쉬운 일이 아니다. 나는 아이들이 하교하기 전에 방마다 다른 CD를 꽂아놓았다. 아이들은 생각보다 민감해서 CD를 자주 바꾸지 않은 상태로 몰래 듣기를 했다가는 걸릴 가능성이 크다. 너무 쉽거나 최근에 자주 들은 것은 지겹다고 느끼기 때문이다. 예를 들어 메인 교재의 7단계를 할 때는 4단계부터 6단계의 CD들을 계속 반복해서 들려준다. 쌍둥이는 지금도 메인 교재의 CD를 틀어주면 그 다음 문장은 무엇인지, 다음 대사와 음악은 무엇인지 다 기억한다. 배운 지 1년이 넘은 CD들도 가끔 틀어주면서 예전의 문장들을 소환하고, 문장들이 자연스럽게 머릿속에 쌓일 수 있도록 도와주는 것이 엄마의 코칭 능력이다. 그런 점에서 엄마표 코칭 영어에서 중요한 것은 '영어를 공부시키려고 노력하는 것'이 아니라 '아이가 모르게 영어를 습득시키는 스킬'일 수 있다. 이 방법을 쓰던 엄마들로부터 생각지도 못한 피드백을 들었는데, CD를 열심히 꽂아주던 엄마들이 아이와 함께 영어를 듣는 과정에서 많은 문장을 암기하면서 엄마의 영어 실력도 함께 늘었다는 점이다.

두 번째는 그냥 편하게 듣는 CD와 음원, 영상들이다. 외울 필요도 없고, 반복적으로 들을 필요도 없이 그냥 편하게 듣도록 한다. 아이에게 메인 교재를 들려주는 것이 80%라면 20%는 아이의 수준에서 이해 가능한 다양한 듣기를 하게 해주자.

메인 교재만 듣다 보면 아이가 일정한 '영어 소리'에만 익숙해지기 쉽다. 세상에는 미국식 영어만 있는 것이 아니라 영국식 영어도 있고 호주식 영어도 있다. 이들 영어가 조금씩 차이가 있는 만큼 다양한 영상을 보거나 듣는 것도 중요하다. 아이가 흥미로워하는 주제나 이미 모국어로 많은 지식이 쌓여 있는 주제는 현재 수준보다 살짝 높여서 들려주어도 배경지식을 통해 이해할 것이다. 다양한 듣기를 통해 아이들이 듣고 이해하는 영역을 넓혀주고 다양한 발음에 익숙해지도록 하는 것도 중요하다.

이렇듯 나는 CD와 음원 중심으로 쌍둥이의 영어 공부를 진행했다. 대신 주말에는 듣기의 다양성과 영어 공부에 대한 아이들의 학습 동기를 유발하기 위해 아이들이 관심 있어 하는 주제의 유튜브와 넷플릭스 영상들을 보여주었다. 쌍둥이가 TV나 핸드폰을 볼 수 있는 유일한 방법은 영어로 된 애니메이션이나 프로그램을 보는 것이었다. 이렇게 진행하니 아이들은 TV를 보려면 자연스럽게 영어에 노출되어야 하는 상황이 되었다. 사실 쌍둥이를 키우다 보니 영유아 때는 너무 힘들어 TV나 유튜브에 많이 의지했다. 하지만 아이들이 알아서 놀기 시작하면서부터는 거실의 TV를 없애는 등 의식적으로 미디어의 노출을 줄이고 책을 읽도록 유도했다. 그 후 지금까지 TV와 핸드폰은 학습의 '당근' 역할을 수행하고 있다.

지금까지 엄마표 영어 학습의 가장 기본인 '듣기'에 대해 이야기했다. 정리하면, 엄마표 코칭 영어의 듣기는 아이가 이해 가능한 수준의 암기할 교재를 선택한다(엄마표 코칭 영어에서는 메인 교재라고 부른다.). 집중듣기를 할 때는 내용을 제대로 이해한 뒤 의식적으로 암기하기 위해 듣고, 말하기를 반복한다. 그러고 나서 집중듣기를 진행한 음원을 흘려듣기와 몰래 들려주기를 통해 거의 완벽하게 암기하도록 한다. 아이가 무의식적으로 문장에 반응하게 하고, 문장을 완전하게 익혀서 머릿속에 각인되도록 한다. 그러면 머릿속에 많은 영어 패턴이 쌓이고, 패턴화된 문장들이 다양한 단어들과 결합해 빠른 속도로 실력이 상승될 것이다.

엄마표 영어에 '코칭' 더하기

인풋 극대화하기(듣기 편)

1. 아는 만큼 들린다. 이해 가능한 것을 들려주어라.
2. 메인 교재를 선택한 뒤 집중듣기를 하라. 다양한 책을 한두 번 따라하는 것보다 하나의 교재를 완전하게 정복하는 것이 기초를 잡는 데 도움이 된다.
3. 집중듣기를 할 때는 일단 내용을 이해하고 나서 반복적으로 듣고 따라하라. 단, 단순히 소리를 따라하는 것이 아니라 '의식적으로 외우려는 노력'을 해야 한다.
4. 집중듣기한 내용을 중심으로 흘려듣기와 몰래 들려주기하라. 집중듣기한 문장이 거의 반사적으로 나올 때까지 반복하라.

02
인풋 극대화하기
: 읽기 편

책을 읽은 권수와 실력은 비례하지 않는다

"다독은 영어를 익히는 가장 좋은 방법은 아니다! 그것은 유일한 방법이다."

교육자와 언어학자들의 언어 교육 방식을 근본적으로 바꿔놓았다고 평가 받는 스티븐 크라센 박사의 말이다. 영어 학습 인풋의 또 다른 구성 요소로서 '읽기'의 중요성을 강조한 말이기도 하다. 크라센 박사는 아이가 좋아하는 책을 골라 자율 독서를 하다 보면 문법도 잘하고 토플 점수도 높아질 수 있다고 주장한다. 하지만 나는 이 주장에 약간 우려를 표하는 바이다. 본질을 잘못 이해할 경우 아이가 읽는 책의 권수에만 집착할 수 있기 때문이다. 내용은 제대로 이해하지 못한 채 책 읽는 시늉만 내는 불행한 아이도 생길 수 있다. 현재의 엄마표 영어가 다독을 중시하는 데 우려를 표하는 것도 이 때문이다.

현장에서 보면, 엄마표 영어를 시작한 부모들이 아이의 레벨 테스트를 위해 방문하거나 상담을 할 때 자녀들의 읽기 능력을 실제 수준보다 높게 평가하는 경향이 있다. 아이의 실력을 아이가 읽은 영어 원서의 권수와 레벨만으로 판단하기 때문이다. 하지만 아이를 직접 상담해 보면 내용을 이해하지 못하고 있거나 책의 내용을 묻는 질문에 엉뚱한 대답을 하는 경우가 많다. 영어책을 많이 읽는 것이 엄마표 영어의 성공 비결로 여겨지며 인터넷 카페에 아이가 읽고 있는 책의 권수가 적당한지 문의하는 경우도 많다. 그 정도만 읽어서는 영어를 잘할 수 있는 임계점에 도달할 수 없다는 댓글을 볼 때는 허탈하기까지 하다. 읽은 책의 권수에 따라 엄마표 영어의 성공 여부를 가늠하는 기준은 과연 누가 만들어놓은걸까? 그리고 다독만으로 엄마표 영어가 성공할 수 있을까?

그런 점에서 '물고기를 잡아주지 말고 물고기 잡는 법을 가르쳐주라'는 탈무드의 명언은 언제나 유효하다. 아이에게 현재를 위해 단순히 결과물을 주는 것이 아니라 더 큰 미래와 성과를 위해 결과물을 얻어내는 과정을 가르쳐줄 것을 강조하고 있기 때문이다. 원래 의미와 약간 다르긴 하지만, 나는 이 말을 영어 학습에 빗대어 이렇게 생각해 보았다.

기존의 엄마표 영어를 진행하는 아이는 물고기(=영어)를 잡기 위해 도구인 낚싯대와 미끼(=많은 양의 듣기와 다독)를 가지고 냇가로 나간다. 이 아이들 중 선천적으로 물고기를 잡을 줄 아는 본능을 타고난 아이(=영재)나 배고픈

(=학습 동기가 있는) 아이는 가르쳐주지 않아도 나름의 방법으로 낚싯대와 미끼를 이용해 물고기를 잡는다. 경우에 따라 더 많이 잡을 수도 있다. 하지만 대부분의 아이들(=물고기를 잡아야 하는 이유와 방법을 모르는)은 몇 번 시도해보다가 고기가 잡히지 않는 것에 실망하고 재미가 없어져 결국 시간만 허비하고 낚시를 포기하고 만다.

왜일까? 기존의 엄마표 영어가 낚싯대와 미끼는 주었지만 물고기 잡는 법, 즉 낚싯대에 미끼를 끼우는 법이나 물고기가 많은 곳으로 가서 낚싯대를 드리우는 방법인 정독, 문법, 단어 공부와 같은 것들은 가르치지 않았기 때문이다. 한마디로 도구만 쥐어주고 방법은 가르쳐주질 않았으니 시간은 시간대로 낭비하고, 아이는 아이대로 힘들어서 결국 포기하게 된 것이다.

문장을 정확히 읽어내는 방법(정독)도 모르고 문장을 구성하고 있는 영어의 법칙도 모르는 상태에서 적은 단어의 수를 가지고 공부하라는 것은 아이에게 도구만 쥐어주는 것이나 다름없다. '영어를 공부하는 방법'을 모르는 상태에서 영어를 잘하기를 원하는 것은 말 그대로 욕심 아닐까?

기초가 탄탄한
다독 습관 만드는 방법

영어권 국가의 아이들도 학교에서 자신의 모국어인 단어와 문법을 학습한다. 문장을 더 정확하게 이해하려는 노력을 한다는 의미다. 영어가 모국어이긴 하지만 다독만으로는 문장의 정확한 의미를 파악하기가 어렵고, 또 문법을 다 알 수 있는 것이 아니기 때문이다. 우리가 학교에서 국어를 배우는 것과 같은 이치다. 국어 과목을 통해 문법과 어려운 단어, 사자성어 등을 배우는 것처럼 말이다. 이런 현실에서 영어를 사용할 기회가 거의 없는 EFL 환경은 고려하지 않은 채 영어책을 많이 읽으면 단어와 문법을 자연스럽게 알게 될 것이라고 기대하는 게 과연 맞을까? 물론 수준 높은 영어 실력을 갖추기 위해서는 다독이 중요하다. 하지만 EFL 환경에서 다독이 효과를 보기 위해서는 기초가 탄탄해야 한다. 그리고 기초가 탄탄한 다독을 위해서는 다음의 두 가지를 기억해야 한다.

첫째, 정독해야 한다.

영어 읽기에서 다양한 책을 많이 읽는 다독Extensive Reading만큼 중요한 것은 글의 세부 내용을 정확히 읽어낼 수 있는 정독Intensive Reading이다. 즐거움만 강조되어 많이 읽는 것에 집중하는 것은 EFL 환경에서는 큰 위험 요소가 될 수 있다. 내용을 이해하지 못하는 상태에서 책의 권수에만 집착하여 무작정 읽는 것이 영어 실력 향상에 도움이 될 리는 만무하다.

한편 다독을 위해 아이들이 처음 접하는 원서는 대부분 그림책이다. 이는 아이들로 하여금 책에 흥미를 느끼게 하는 면에서는 장점이지만 글자나 내용보다 그림에 더 집중하게 한다는 점에서는 아쉽다. 게다가 아이가 원서의 번역본을 먼저 읽은 경우 이미 책의 내용을 다 알고 있어 내용을 짐작하고 대충 빠르게 읽는 경향이 있다. 여기서 부모가 해야 할 일은 초반 책읽기부터 아이가 정독을 할 수 있도록 지도하는 것이다. 『독서머리 공부법』의 최승필 작가도 모국어에서도 실질적인 언어 이해 능력과 사고력을 향상시키기 위해서는 정독을 해야 한다고 말하며 정독의 중요성을 강조하고 있다.

경우에 따라 책을 많이 읽지 않고도 반복적으로 정독한 몇 권의 책을 통해 언어 실력이 크게 향상되는 아이가 있다. 반대로 책을 많이 읽었음에도 실력이 크게 향상되지 않는 아이도 있다. 왜일까? 생각하지 않고 글자만 읽었기 때문이다. 생각 없이 읽은 1,000권이 무슨 의미가 있겠는가?

둘째, 이해 가능한 책을 읽어야 한다.

어느 날 우리 집 쌍둥이가 학교 도서관에서 글밥도 많고 단어도 어려워 보이는 영어 책을 한 권 빌려왔다. '친구들에게 잘난 척을 하고 싶었나 보다'라는 생각으로 가만히 지켜보았다. 그런데 웬걸 책을 소리 내어 읽는 게 아닌가. '저 정도의 책을 읽을 정도로 실력이 늘었나' 싶어 기대하며 몇 줄 해석을 시켜 보았다. 결과는 역시나 그림을 보면서 아무렇게나 말을 지어내고 있었다. 영어를 공부한 지 어느 정도 된 만큼 단어는 읽을 수 있었지만 정확한 내용까지는 이해하지 못하고 있었던 것이다. 이렇듯 수준에 맞지 않은 책을 보는 것은 시간 낭비다. 그래서 아이의 정확한 읽기 수준을 파악하는 것이 중요하다.

결론적으로, 책읽기를 통해 영어 실력을 높이기 위해서는 듣기와 마찬가지로 '이해 가능한 입력'이 되어야 한다. 너무 쉽거나 어려운 수준이 아닌 아이의 읽기 능력에서 크게 벗어나지 않는 책을 읽게 해야 효과로 이어진다.

독서 능력 지수로
아이의 영어 수준 파악하기

아이가 이해 가능한 책, 아이 수준에 맞는 책을 추천해 주기 위해서는 독서 능력 지수 체계인 렉사일 지수Lexile Measures를 참고하면 좋다. 렉사일 지수는 개인의 영어 독서 능력과 수준에 맞는 도서를 골라 읽을 수 있도

Reading Level Coversion Chart(영어 읽기 레벨 변환표)

Lexile	AR		Lexile	AR
25	1.1		675	3.9
50	1.1		700	4.1
75	1.2		725	4.3
100	1.2		750	4.5
125	1.3		775	4.7
150	1.3		800	5.0
175	1.4		825	5.2
200	1.5		850	5.5
225	1.6		875	5.8
250	1.6		900	6.0
275	1.7		925	6.4
300	1.8		950	6.7
325	1.9		975	7.0
350	2.0		1000	7.4
375	2.1		1025	7.8
400	2.2		1050	8.2
425	2.3		1075	8.6
450	2.5		1100	9.0
475	2.6		1125	9.5
500	2.7		1150	10.0
525	2.9		1175	10.5
550	3.0		1200	11.0
575	3.2		1225	11.6
600	3.3		1250	12.2
625	3.5		1275	12.8
650	3.7		1300	13.5

록 하기 위해 메타메트릭스 사MetaMetrics,Inc.가 개발한 독서 능력 평가 지수다. 일반적으로 원서를 선택할 때 아이의 렉사일 지수를 파악하여(플러스 코칭 참조) 렉사일 지수 기준 -100에서 +50 사이의 책들을 읽을 것을 추천한다. 아이의 모국어 수준이 약하거나 읽기 지문의 소재가 친숙하지 않다면 지수보다 낮은 책을 선택하면 된다. 반대로 읽기 지문의 소재가 친숙하고 배경지식이 풍부하다면 자신의 지수보다 조금 높은 책을 선택해도 크게 무리가 없다.

최근 미국을 비롯해 우리나라에서 많이 사용되고 있는 또 다른 지수는 AR지수(=ATOS지수)다. 쉽게 말해 독서 지수로, 문장의 평균 길이나 단어의 철자 수, 단어의 난이도, 책에 포함된 어휘 수 등을 종합하여 평가한다. AR 지수를 알고 있다면 다양한 인터넷 사이트(플러스 코칭 참조)를 통해 원하는 레벨의 책들을 찾을 수 있다. 아이의 AR지수 레벨에서 크게 벗어나지 않는 책들 중에서 흥미로워하는 주제의 책을 아이 스스로 선택하여 읽게 하는 것이 가장 좋은 방법이다.

이 중 렉사일 지수의 경우 인터넷을 통해 무료로 테스트가 가능하지만 AR 지수는 대부분 특정 기관을 통해 이루어지기 때문에 개인이 하기 쉽지 않다. 이때는 렉사일 지수를 AR 지수와 비교해 알 수 있는 변환표(앞장 표 참조)를 이용하면 대략적인 AR 지수를 확인할 수 있다. 혹시 아이가 정독하는 것을 힘들어하거나 내용을 잘 이해하지 못한다면 원서를 읽는 것 외에 '읽기 교재'도 함께 사용할 것을 추천한다.

정독으로 시작해
점차 다독으로

그렇다면 읽기 지도는 어떻게 해야 할까? 결론부터 말하자면, 정독으로 시작해 다독으로 이끌면 된다. 즉 초기 단계에서는 다독보다 정독이다. 물론 모든 책을 정독하기는 힘들기 때문에 아이가 읽은 책 가운데 좋아하는 책을 선택하게 한 뒤 여러 번 반복하여 읽게 하여 최대한 내용을 정확하게 파악하도록 한다. 정독이라곤 했지만 문법과 단어 하나하나까지 전부 파악하여 문장을 완전히 해석하는 것을 의미하진 않는다. 아이가 문장의 의미를 어느 정도 정확히 파악할 수 있는 수준이면 된다. 읽고 난 뒤에도 여전히 내용을 어려워하거나 단어의 뜻을 짐작하기 힘들어한다면 사전을 통해 뜻을 파악하고 내용을 알고 넘어가게 하는 것이 중요하다.

어느 정도 영어 실력이 성장하고 아이의 기초가 잡혔다는 판단이 들면 다독을 할 수 있도록 지도해야 한다. 초기 단계에서 정독 습관이 잘 잡힌 아이는 다독에서도 빠른 해석과 정확한 읽기가 가능하다. 반대로, 초기 단계에서 대충 읽는 습관을 들인 아이의 경우 다독을 할 때도 대충 읽는 버릇을 고치기가 힘들다. 결국 다독을 성공으로 이끌 수 있는 열쇠는 정독임을 잊지 말자.

또한 초기 단계에서 읽기를 할 때 소리 내어 읽는 것은 매우 효과적인 방법이다. 아이가 집중하여 학습할 수 있기 때문이다. 실력이 어느 정도 쌓이면 음원을 들으면서 책을 따라 읽어볼 것을 권한다. 눈으로 읽는 속도가 말하기 속도보다 아주 빠른 경우가 아닌 이상 소리내어 음원을 따라하다 보면 영어 발음과 억양이 좋아지는 효과도 있다.

지금까지 엄마표 영어 학습의 가장 기본인 듣기와 읽기에 대해 살펴보았다. 하지만 아무리 전략적으로 듣기와 읽기를 한다고 하더라도 한 방향 학습일 수밖에 없다. 한계가 있다는 말이다. 결국 듣기 실력은 극대화하면서 말하기 능력까지 향상시킬 수 있는 아웃풋(출력) 학습법이 함께 이루어져야만 듣기와 읽기 능력이 더 향상될 것이다. 지금부터는 엄마표 코칭 영어에서 강조하는 아웃풋 학습법에 대해 알아보자.

 엄마표 영어에 '코칭' 더하기

인풋 극대화하기(읽기 편)

1. 초기 단계에서 중요한 것은 정독이다. 책의 권수보다는 책을 얼마나 잘 이해하고 읽는지가 관건이다. 다독의 성공 열쇠는 정독에 있다.
2. 이해 가능한 책을 읽게 하라. 너무 어렵거나 쉬운 책이 아닌 아이의 레벨에 맞는 책을 선택하라.
3. 아이가 정독하는 습관이 잘 잡히면 다독으로 넘어가라. 탄탄한 기본 실력 덕분에 빠르고 정확하게 책을 읽을 것이다.

03

아웃풋 극대화하기
: 말하기 편

아는 것과 모르는 것을 나누는 것, 공부의 시작

'공부의 신'으로 불리는 강성태의 이름을 들으면 대부분은 '66일 공부 습관의 기적 만들기'가 떠오를 것이다. 꾸준히 공부하는 습관이야말로 공부에서 가장 기본적이고 중요한 자세다. 더불어 그가 강조하는 또다른 학습법이 있는데, 바로 '백지 복습법(전교 1등 복습법)'이다.

백지 복습법은 학교 수업을 마친 뒤 또는 자율 학습을 끝낸 뒤 머릿속으로 기억하고 있는 내용을 빈 종이나 칠판에 적어보는 것이다. 그가 한 학생의 학습을 도와주는 멘토 역할로 TV 프로그램에 나온 적이 있다. 그는 학생이 학교에서 돌아오면 그날 배운 내용을 종이에 적게 했다. 학생은 처음에는 거의 내용을 적지 못했지만 어느 정도 시간이 지난 뒤에는 꽤 많은 내용을 적어냈다. 학생 입장에서도 머릿속 내용을 적어야 한다는 의무감에 더 열심히 노력했을 것이다.

이렇게 배우고 공부한 것을 적어 보면 자신이 기억하는 내용과 모르는 내용을 분명히 알 수 있다. 이 과정을 통해 모르는 내용은 다시 찾아보거나 다른 색깔로 표시하거나 써볼 수 있고, 자연스럽게 다시 한번 공부할 수 있는 기회가 생긴다. 매우 효과적인 학습법으로, 내가 말하려고 하는 아웃풋 학습법의 핵심이기도 하다.

인풋 학습만으로 아이의 귀가 트이게 하는 것은 너무 많은 시간이 소요된다. 또 아무리 많은 양의 인풋이 있다 한들 꺼내 쓰지 못하면 소용없다. 꺼내 쓰는 능력도 기술이며, 연습을 통해 단련해야 한다. 아웃풋을 해봐야만 아이 스스로 자신이 아는 것과 모르는 것을 구분할 수 있고, 모르는 것을 알기 위해 노력할 수 있다. 그리고 아웃풋을 병행하는 학습법은 영어 공부뿐 아니라 다른 공부를 할 때도 큰 도움이 된다. 그럼 지금부터 영어 실력의 효율적인 확장을 위해 가장 중요한 말하기 아웃풋 학습법에 대해 알아보자.

말하기 연습, 듣기의 '첫 순간'부터 함께 시작하라

보통 말하기 연습은 듣기 연습이 충분히 된 상태에서 이루어진다고 생각하는 경향이 있다. 하지만 나는 처음 영어 소리와 단어를 배울 때부터 말하기 연습을 하는 것이 좋다고 생각한다. 즉, 파닉스 단계부터 시작하라고 권한다. 그날 배운 알파벳이 어떤 소리가 나는지 듣고 따라만 할 것이 아니라 책을 덮고 이미지를 그려보며 소리 내어 말하거나 직접 소리를 내면서 써보면 더 오랫동안 기억에 남는다. 배운 단어를 머릿속으로만 기억하는 것이 아니라 자꾸 꺼내서 말하는 연습을 꾸준히 하다 보면 학습 수준이 점점 높아져도 말하는 것을 두려워하지 않는다. 지금부터 제시하는 말하기 연습의 2가지 큰 단계를 참고하여 충분히, 그리고 제대로 말하기 연습을 할 수 있도록 지도해보자.

1단계_모든 공부의 시작, 아는 것과 모르는 것 구분하기

내가 학생들에게 늘 강조하는 공부의 정의는 '모르는 것을 발견하여 알게 하는 것'이다. 아는 것만 무한 반복하는 것은 공부가 아니다. 그런데 많은 아이들이 새로운 내용을 공부할 때 자신이 어느 부분은 알고 어느 부분을 모르는지조차 파악하지 못한 채 무작정 공부를 한다. 그러다 보니 새로운 단어나 따라하기 힘든 문장에 더 많은 연습을 해야 함에도 불구하고 모든 단어와 문장에 같은 시간을 쏟고 있다. 이는 결국 시간 낭비로 이어진다. 전체 공부 시간 중 새로운 것에 많은 시간을 쏟아야 하는데, 이미 알고 있는 것에 많은 학습 시간을 빼앗기기 때문이다.

시간 낭비를 막기 위해서는 새롭게 배운 내용 중 익숙하지 않은 발음이나 기억하기 힘든 단어 또는 문장에 '눈에 띄는 색깔'로 표시하는 것이 좋다. 종이에 따로 적어보는 것도 방법이다. 이 단계를 거쳐야 이미 알고 있는 어휘와 낱말에 들어가는 시간을 낭비하지 않을 수 있으며, 다른 색깔로 표시된 단어나 문장에 집중할 수 있다. 아는 문장은 한 번만 제대로 확인하고 넘어가고, 모르는 문장은 열 번 이상 말하고 쓰는 연습을 해야 한다. 이런 반복을 통해 어려운 단어와 문장을 집중해서 외우면 실력이 빠르게 상승한다.

대부분의 아이들은 자신이 아는 것을 자랑하고 싶어 하는 마음을 가지고 있다. 그래서 못하는 부분보다는 잘하는 부분에 초점을 맞춰 더 많이 연습하는 경향이 있다. 모르는 것은 어려운 것으로 판단해 피하려는 모습을 보이기도 하는데, 임계점을 넘기 위해서는 모르는 것에 집중하는 학습을 해야 한다.

그런데 아이 입장에서는 모르는 것과 어려운 것을 연습하는 것에 대해 스트레스를 받을 수 있다. 이때 중요한 것이 '칭찬'이다. 적절한 칭찬은 아이의 학습 효과를 크게 향상시킬 수 있다. 칭찬의 힘에 대해서는 뒤에서 자세하게 설명할 것이다(플러스 코칭 참조).

1단계를 잘 진행한다면 아이가 모르던 새로운 단어와 문장을 중심으로 학습이 이루어져 영어 실력이 빠르게 향상되면서 스스로 발전하고 있음을 느낄 수 있다. 이런 성취감은 아이가 즐겁게, 그리고 오래 공부할 수 있게 해주는 원동력이 된다.

쉬운 것만 연습해서는 어려운 것에 대한 도전 의욕을 고취시킬 수 없고, 성취감을 높여주기도 쉽지 않다. 실제로 쉬운 것만 오래 공부한 아이의 경우 어려운 단어와 문장을 기피하는 경향을 보이기도 한다. 만약 아이가 모르는 내용이 거의 없다면 단계를 높여서 새로운 것에 대한 도전과 즐거움을 맛보게 해주자. 새로운 것에 대한 습득이 자연스러워야 그 다음 단계로의 진행도 자연스럽게 이루어진다. 잘 아는 것과 모르는 것을 구분하게 하고, 어렵고 모르는 것에 대한 학습을 집중하면서 지속적으로 모르는 것을 줄여 나가는 것, 이것이 핵심이다.

2단계_셰도잉으로 영어 단어와 문장 익히기

셰도잉Shadowing은 원어민의 발음을 들으면서 거의 동시에 비슷한 박자로 최대한 비슷하게 소리 내어 따라하는 학습법을 말한다. 정확한 발음을 익힐 수 있고 연습하면서 자연스럽게 많은 문장을 습득할 수 있다는 점에서 듣기와 말하기 연습을 할 때 많이 사용하는 학습법이다. 셰도잉 학습법에서는 3가지만 주의하면 된다.

> **올바른 '셰도잉' 학습법**
> 셰도잉할 단어와 문장의 구조 및 의미 파악 → 셰도잉 하기 → 안 되는 부분 집중 연습 → 녹음, 녹화로 확인해보기

첫째, 셰도잉을 하기 전에 셰도잉할 문장들을 이해해야 한다. 셰도잉 학습법에서 학습자들이 가장 크게 실수하는 부분이 있는데, 문장들의 정확한 뜻을 파악하지 않은 상태로 연습을 하는 것이다. 셰도잉은 소리뿐 아니

라 문장이 가진 내용을 익히면서 많은 문장을 머릿속에 저장할 수 있는 좋은 방법이다. 문장에 대한 이해 없이 무조건 따라하는 것은 소리만 흉내 내는 앵무새와 다를 바 없다.

둘째, 발음이 잘 안 되는 단어와 문장은 충분히 연습하도록 한다. 부족한 부분에 대한 충분한 연습 없이 학습을 끝내서는 앞으로 같은 실수를 계속 반복할 수밖에 없다. 잘못된 발음과 억양이 굳어질 수도 있는 만큼 특히 더 주의해야 한다. 예를 들면 아이가 'Vitamin'이라는 단어를 한국식으로 '비타민'이라고 발음한다면 잘못 발음하는 단어들은 따로 정리하여 반복적으로 연습하는 것이 좋다. 한번 틀리게 발음한 단어들은 지속적으로 틀리기 쉽기 때문이다.

셋째, 충분한 섀도잉 연습이 끝나면 녹화나 녹음을 해보자. 이를 통해 자신의 발음을 직접 들어보면서 부족한 부분을 인식하고 그 부분들을 복습할 수 있게 하면 좋다. 나는 아이들 학습이 끝나면 배운 내용을 말로 표현해 보도록 했다. 바로 대답하지 못하거나 잘 안 되는 부분은 따로 체크해 놓았다가 중점적으로 연습하게 했다. 그런 다음 아이가 어느 정도 자신이 붙었다는 생각이 들면 휴대전화로 영상을 찍어 자신의 모습을 직접 볼 수 있게 해주었다. 아이들은 녹화하는 것을 하나의 놀이로 여기고 즐거워했다. 이렇게 영상으로 찍어두면 부모 입장에서는 아이의 실력이 향상하는 모습을 단계별로 확인할 수 있어 즐겁고, 아이들 역시 자신이 성장하는 모습을 볼 수 있어 효과적이다. 매일은 아니더라도 내 아이의 영어 성장 과정을 녹음하거나 녹화하여 함께 보는 것은 여러 면에서 의미가 있다.

Beyond 섀도잉, 따라하기를 넘어 스스로 말하기

말하기 학습의 시작 단계에서는 단어와 간단한 문장으로 섀도잉을 하지만 아이의 실력이 발전하면 단순한 섀도잉을 넘어 공부한 내용을 요약하여 간단하게 말하는 단계로 가야 한다. 우리나라 영어 학습자의 경우 듣기 학습을 하고 난 뒤 따라하는 섀도잉 연습까지는 많이 하고 있다. 하지만 학습이 끝나고 난 뒤에 그날 배운 내용을 보지 않고 말하거나 적어 보는, 즉 기억 장치에서 꺼내 쓰는 아웃풋은 많이 이루어지고 있지 않다. 그 결과 한 방향 듣기로 마무리되는 경우가 많다.

처음에는 배운 내용을 그대로 말해 보는 연습을 해야 한다. 예를 들어 CD로 학습한다면 그 다음 문장이 입에서 술술 나올 정도로 말해 보고, 영상으로 학습한다면 영상만 보고도 대사를 말할 수 있는 수준까지 최대한 반복해서 듣고 말해 보아야 한다. 말하기는 듣기와 마찬가지로 같은 것을 최대한 반복하는 것이 좋다. 여러 가지 책으로 진행하기보다는 메인 교재 하나를 제대로 선택해 최대한 여러 번 반복해야 자연스럽게 단어의 강세와 억양이 생기고 문장의 정확성도 높아진다.

배운 내용을 그대로 말해 보는 단계가 익숙해지면 '자신만의 방식으로 말하기'에 도전해보자. 영어 프레젠테이션과 프로젝트 수업이 좋은 예이다. 글을 이해하고 발표하는 과정에서 영어 실력이 좋아질 뿐만 아니라 전체 내용을 정리하고 자신의 생각을 전달하는 과정을 통해 표현력과 자신감도 기를 수 있다(플러스 코칭 참조).

언어는 다른 사람과 의사소통을 하는 수단이다. 그렇기 때문에 소리 내어 표현하는 연습이 무엇보다 중요하다. 시중에만 해도 영어로 대화 가능한 AI 스피커, 화상 영어, 전화 영어 등 매우 다양한 말하기 학습 방법과 수단이 있다. 엄마는 이 중 아이가 흥미 있어 하는 학습 방법을 선택하되 앞에서 살펴본 말하기 학습의 기본 이론을 적용하면 큰 효과를 볼 수 있을 것이다.

 엄마표 영어에 '코칭' 더하기

아웃풋 극대화하기(말하기 편)

1. 말하기 연습은 듣기를 충분히 하고 난 뒤에 하는 것이 아니라 듣기의 시작부터 함께해야 한다.
2. 모르는 부분을 집중적으로 연습하라. 모르거나 잘 안 되는 부분을 넘어야 다음 단계로 갈 수 있다.
3. 셰도잉은 반드시 의미를 파악하고 난 뒤에 따라하라.
4. 그대로 따라하는 셰도잉을 넘어 자신의 생각을 정리하고 표현하는 단계로 진입해야 한다.

04

아웃풋 극대화하기
: 쓰기 편

초급 단계
_쓰기의 기초

　쓰기는 엄마표 영어를 할 때 엄마들이 가장 놓치기 쉽고, 한편으론 가장 지도하기 어려워하는 영역이다. 그중에서도 첨삭은 전문적인 지도가 필요한 부분이라 엄마 입장에서는 더 부담이 될 수밖에 없다. 많은 엄마들이 '다른 영역이 완성되면 쓰기는 언젠가 되겠지'라는 막연한 생각으로 쓰기 준비에는 상대적으로 소홀한 경향이 있다. 하지만 쓰기 영역 역시 다른 부분과 마찬가지로 어느 날 갑자기 잘 써지는 것이 아니기 때문에 꾸준한 연습이 필요하다.

　현실적으로 엄마들이 에세이를 지도하는 고급 단계까지 진행하는 것은 힘들다. 하지만 초급 단계에서 할 수 있는 쉬운 영어 쓰기 방법을 활용하면 쓰기의 기초를 확립할 수 있다. 지금부터 엄마들이 지도할 수 있는 쓰기 방법을 소개한다.

완전 초급 단계는 알파벳 쓰기이고, 그 다음은 단어를 쓰는 단계다. 알파벳 쓰기는 기본 중의 기본이라 생각해 아이 혼자 하게 하는 경우가 있는데, 이때도 엄마의 지도가 필요하다. 엄마의 생각과 달리 쓰는 것을 싫어하는 아이도 많기 때문에 영어 공부 초반부터 시작하는 것이 좋다.

알파벳과 단어 쓰기 다음 단계는 기본 문장 쓰기다. 영어 문장이 충분하지 않은 아이들이 영어로 내용을 쓰기 위해서는 어느 정도 기본 문장이 필요하다. 아이가 읽고 있는 책과 교재를 보며 자주 사용하거나 쉬운 문장부터 암기하고 써보도록 한다. 그리고 이때는 아이가 부담을 갖지 않도록 처음에는 최소한의 문장으로 시작, 점점 문장 수를 늘려나가야 한다. 일단 외울 문장을 노트에 적게 하고 큰 소리로 여러 번 따라하게 해 문장을 외우고 난 뒤에 여러 번 쓰도록 지도하자.

또 쓰기를 지도할 때 소리를 내면서 쓰게 하면 소리와 철자를 정확히 익히는 데 도움이 된다. 쓴 단어와 발음이 일치하지 않는 경우 스펠링을 틀리는 경우가 많은데, 이때는 틀린 것을 바로 지적하기보다는 책과 비교하여 아이 스스로 오류를 찾게 하자. 아이는 자기가 찾은 오류는 더 잘 기억할 것이다.

초반에 어떻게 진행하느냐에 따라 쓰기에 대한 두려움이 줄어들 수도 있고 더 커질 수도 있다. 절대 강요해서는 안 된다. 아이가 새로운 문장을 외우는 것에 대한 거부감이 크다면 마음에 드는 책을 골라 그대로 써보게 하는 것도 좋은 방법이다. 다만 단순한 '베껴 쓰기'가 되지 않도록 주의해야 한다. 필요에 의해 베껴 쓰기를 하는 만큼 반드시 문장을 이해한 뒤, 입으로 소리내면서 쓰도록 지도하자.

중급 단계
_영어 필사

중급 단계의 아이는 책을 읽을 때 몇 개의 문장들을 필사하도록 지도하는 것이 좋다. 필사를 하게 되면 자연스럽게 문장뿐만 아니라 그 문장이 가지고 있는 의미를 생각할 수 있고, 문장을 이해하는 기회로 이어지기 때문이다.

그렇다면 어떤 부분을 필사하는 것이 좋을까? 책을 읽으면서 마음에 든 문장, 꼭 외우고 싶은 문장, 잘 이해되지 않았던 문장들이 좋다. 그리고 문장 옆에는 반드시 필사의 이유를 간단히 적게 하라. 단순한 번역을 넘어 문장의 의미를 깊이 있게 파악하는 힘을 기를 수 있다. 그런 다음에는 아이가 필사한 문장을 가지고 함께 이야기하는 단계로 나아가야 한다. 아이와 이야기할 때는 당연히 한국어로 하면 된다. 모국어인 한국어로 사고할 때 더 잘 이해되고 전달되기 때문이다. 그리고 필사하면서 아이가 정확히 이해하지 못한 문장이 있다면 사전이나 번역기를 통해 스스로 공부할 수 있도록 지도하는 것도 좋은 방법이다.

초·중·고급 단계
_북 리포트와 영어 일기 쓰기

처음부터 북 리포트를 쓰기는 쉽지 않다. 초반에는 제목과 저자 이름, 읽은 페이지 수 정도만 기록해도 된다. 어느 정도 익숙해지면 등장인물들을 적어보게 하고, 책에서 중요하다고 생각되는 키워드를 써보도록 한다. 어느 정도 쓰는 습관이 잡히고 중간 이상의 영어 수준에 도달하면 육하원칙에 맞춰 읽은 내용을 요약하게 하거나 원인과 결과를 파악하여 쓰면 좋다. 고급 단계의 아이에게는 책에 대해 평가하게 하거나 책을 통해 배울 점 등을 쓰도록 지도하자.

일기쓰기는 하루를 돌아보며 좋았던 감정을 되새기거나 잘못한 점을 반성하는 과정에서 표현력과 사고력이 깊어진다.

영어 학습에서도 일기의 효과는 동일하다. 처음에는 간단하게 하루 일과 중 가장 기억에 남는 일을 기록하게 하면 된다. 모르는 단어나 문장은 사전을 찾아보거나 번역기를 사용해도 된다. 영어 일기 교재도 많이 나와 있으니 교재를 통해 필요한 문장을 확인하고 쓰는 것도 도움이 된다. 꾸준히 일기를 쓰다 보면 자연스럽게 쓰기 능력이 향상되고, 몰랐던 어휘나 문장을 자연스럽게 공부할 수 있어 영어 실력 확장에 도움이 된다.

지금까지 인풋과 아웃풋 학습법을 모두 살펴보았다. 엄마표 코칭 영어에서 아웃풋은 아이가 인풋한 내용을 스스로 아는지 모르는지 확인하고, 뱉어내는 과정을 말한다. 중요한 포인트는, 그 과정 안에 타인과 소통이 있으면 더 할 나위 없이 좋겠지만, 아이 스스로 확인하는 부분이 더 우선시 되어야 한다는 점이다. 다시 말해 매일매일 엄마표 코칭 영어를 통해 인풋(듣기 & 읽기)한 내용을 아웃풋(말하기 & 쓰기)을 통해 적극적으로 아이 것으로 만들어야 한다는 의미다.

앞서 말했듯이 아웃풋은 인풋이 쌓인다고 해서 저절로 폭발하지 않는다. 아이라고 언어를 학습하는 과정이 어른과 다르지 않다. 물론 성인보다 언어를 쉽게 받아들이고 습득하는 시간이 짧은 것은 맞지만 아이들 역시 말하고 쓰기 위해서는 연습이 필요하다. 인풋과 아웃풋이 함께 이루어질 때 시너지가 발생하여 영어 실력이 빠르게 상승할 수 있음을 잊지 말자.

 엄마표 영어에 '코칭' 더하기

아웃풋 극대화하기(쓰기 편)

1. 어느 순간 갑자기 잘 써지지 않는다. 처음부터 조금씩 시작하라.
2. 초중급 : 소리 내면서 쓰게 하라. 집중력을 높일 수 있고, 문자와 발음이 다른 부분을 인식하면서 정확한 스펠링을 외우는 데 도움이 된다.
3. 중급 : 책에 나오는 문장을 필사하게 하라. 문장들을 정확하고 깊이 있게 이해할 수 있는 힘을 길러준다.
4. 영어 일기 쓰기는 가장 좋은 쓰기 방법이다. 일과 중 가장 기억에 남는 일, 관심 있는 주제, 읽은 책의 줄거리 등을 자유롭게 쓰게 하라.

05
문법과 단어 공부, 진실 혹은 거짓

문법 공부와 단어 학습에 대한 오해

"책을 많이 읽으면 문법을 배우지 않아도 자연스럽게 깨닫게 되나요? 문법 공부는 따로 하지 않아도 되나요?"

"책을 읽을 때 단어는 문맥 속에서 파악하고 단어는 따로 찾지 않아도 되나요?"

대부분의 사람들은 외국어를 배우기 위해서는 문장의 규칙(문법)은 물론 단어 공부도 해야 한다고 생각한다. 상식적이다. 문법과 단어는 영어 공부의 촉매제로 작용하기 때문이다. 그런데 엄마표 영어에서는 이 상식이 무시되고 있다. 심지어 문법과 단어를 따로 공부하는 것이 마치 불필요한 것처럼 여겨지기도 한다.

그렇다면 엄마표 영어가 말하는 것처럼, 어려서부터 많이 듣고 읽으면 단어와 문법을 자연스럽게 습득할 수 있을까? 그런 경우도 있지만 현실적으로는 그렇지 않은 경우가 훨씬 많다. 왜일까? 여기에는 문법과 단어 공부에 대한 2가지 오해가 원인으로 작용한다. 부모들의 오해를 자세히 살펴보면 다음과 같다.

첫째, 문법을 공부하고 단어를 외우는 것은 '한국식 시험용 영어'로, '의사소통을 중시하는 실용 영어'에는 크게 도움이 되지 않는다는 생각이다. 점수를 획득하기 위한 목표로, 좋은 학교에 가기 위한 목적으로 영어를 공부한 부모 세대에게 문법과 단어 공부는 시험을 잘 보기 위한 수단일 뿐이었다. 게다가 부모 세대는 힘들게 배우고 공부한 문법을 사용해볼 수 있는 기회가 거의 없었다. 필요 이상의 수준 높은 문법을 공부하고 시험용 단어들을 외웠지만 실생활에서 사용해볼 기회는 없었으니 필요 없는 공부로 인식된 것이다. 이런 부정적인 인식이 기존 엄마표 영어의 주장을 받아들이게 했을 것이다.

둘째, 어린 아이는 단어와 문법을 공부하지 않아도 쉽게 실력이 늘어날 것이라는 생각이다.

"엄마표 영어는 듣기와 읽기만 꾸준하게 해주면 단어와 문법은 저절로 습득할 수 있어요."

"아, 그러면 우리 아이들은 나처럼 어렵게 영어를 공부하지 않아도 되겠구나!"

앞에서도 밝혔지만 ESL 환경의 아이들도 문법을 배운다. 영어를 사용할 기회가 없는 EFL 환경의 우리나라 아이들이 영어를 정확하고 빠르게 습득하기 위해 문법과 단어 공부를 해야 하는 것은 당연하다. 레벨이 올라갈수록 튼튼한 바탕으로 작용하는 것은 문법과 단어이기 때문이다. 문법 공부를 하지 않는 것은 낚싯대만 주고 물고기 낚는 법은 가르쳐주지 않는 것과 다를 바 없다. 다만 문법과 단어 학습의 방향이 단순 암기식으로 잘못 잡히지 않도록 잘 조절해야 한다.

문법 공부 시작의 적기

문법은 문장을 구성하는 규칙을 말한다. 영어를 이해하고, 쓰고, 말할 수 있는 일종의 매뉴얼과 같다. 이런 매뉴얼을 잘 인식하고 사용하면 더 효율적으로 영어를 습득할 수 있다. 기존 매뉴얼을 바탕으로 다양한 단어를 결합하여 문장을 확장해 쓰고 말할 수 있는 것은 물론 문장을 해석하는 능력도 정확하고 빨라질 수 있다. 하지만 초반부터 문법 공부를 강요하는 것은 바람직하지 않다. 아이 입장에서는 문법을 따로 공부해야 하는 영역으로 인식해 어렵게 느낄 수 있기 때문이다. 게다가 문법을 지나치게 강요하면 말하기 전에 문장의 정확성을 먼저 생각하게 되어 유창성에 문제가 생길 수 있다. 반대로 너무 늦게 문법 공부를 시작할 경우 잘못 알고 있는 문법이 고착화되어 오류를 바로잡는 데 많은 시간과 노력이 든다.

그렇다면 문법 공부의 적절한 시기는 언제일까? 당연히 아이마다 다르겠지만 경험상 나는 영어 학습을 시작한 지 대략 2~3년 정도 지났을 때라고 생각한다. 어느 정도 영어를 유창하게 말하지만, 그안에 문법적 오류가 발생하는 경우가 많기 때문이다. 문법 공부의 내용 역시 이해하기 힘든 어려운 문법이 아닌 학습자의 현재 수준에 맞는 문장의 법칙을 알려주는 것이 가장 좋다. 이것이 말하기와 쓰기에 적용할 수 있는 '실용적인 문법 공부'라면 더욱 좋다.

내 아이에게 맞는 문법 공부 방법

• 한국어 문법책에서 영어 원서 문법책으로

문법을 진행할 때 한국에서 공부할 학생이라면 한국 용어가 나온 교재로 먼저 학습할 것을 추천한다. 어차피 학교에서는 한국어식 문법 용어를 가르치는 만큼 한국식 문법 용어에 익숙해지는 것이 좋다. 어느 정도 익숙해지면 ESL 교재(외국 원서 교재)로 문법을 완성해볼 것을 추천한다. 외국 출판사에서 발행된 교재 중에는 말하기 중심의 문법 교재도 있고 문법이 잘 설명된 교재도 있기 때문에 목적에 맞게 선택하여 공부하도록 하자.

• 필요한 것부터 시작하는 '추적 공부법'

문법책에 나온 학습 순서를 차례대로 따라갈 필요는 없다. 아이가 현재 공부하고 있는 책에 자주 나오는 문장과 표현을 보고 어떤 문장 법칙으로 인해 그렇게 쓰는지를 살피는 '추적 공부법'도 좋은 방법이다. 예를 들면 do와 does를 이용한 부정문을 만들 때 이미 외운 문장 중에 don't나 doesn't가 들어가 있는 문장들을 적게 한 뒤 그 문장들이 가지고 있는 규칙을 찾아보면 문법을 쉽게 이해할 수 있고 또 오랫동안 기억하는 데 도움이 된다.

• 대표 문장 외우기, 동영상 강의 활용하기

재미있고 즐거운 공부를 위해서 테스트 위주의 문법보다는 배운 문법을 자주 반복할 수 있도록 말하거나 쓰기를 할 때 활용하는 것이 좋다. 또한 어린 학습자의 경우에는 각각의 문법이 들어간 쉬운 '대표 문장'을 외우는 방법을 추천한다. 가정법에 관한 대표 문장을 외우면 다음에 가정법이 들어간 문법이 다시 나왔을 때 대표 문장을 떠올리며 쉽게 이해할 수 있기 때문이다. 아이가 문법을 유독 어려워하거나 도와주는 것이 부담되는 엄마의 경우에는 동영상 강의를 활용하는 것도 좋은 방법이다. 시중의 문법 동영상 가운데 아이들이 이해하기 쉬운 것을 선택하여 진행하도록 한다.

영어 공부에서 문법은 선택이 아닌 필수다. 레벨이 높아질수록 문장 구조가 복잡하고 어려워지는데, 이를 잘 파악할 수 있게 해주는 힘이 바로 문법이기 때문이다. 역시나 여기서도 가장 중요한 것은, 아이의 현재 수준을 고려하여 접근해야 한다는 점이다. 수준 대비 너무 어려운 문법은 아이가 이해하지 못할 뿐더러 장기적으로 도움이 되지 않는다. 그러므로 절대 아이의 수준보다 어려운 문법을 강요해서는 안 된다. 문법책을 선택할 때는 현재 아이의 수준보다 한 단계 낮은 것을 선택할 것을 권한다. 그래야 아이가 부담 없이 받아들일 수 있다.

문맥 속에서 단어 뜻을 파악하라는데……

모르는 단어가 나왔을 때 뜻을 찾는 것이 좋을까 아니면 문맥을 통해 유추하고 책을 읽는 데 집중하는 것이 좋을까? 이 질문에 대해 대부분의 엄마표 영어에서는 단어의 뜻을 찾지 말고 책을 읽으면서 문맥을 통해 파악하라고 한다. 영어를 모국어와 함께 사용하는 ESL 환경에서는 맞는 방식일 수 있다. 영어책으로 학습을 진행하고 책에서 본 단어들을 일상생활에서 마주치기 때문이다. 하지만 EFL 환경에서는 아이의 성향이나 환경, 모국어 실력이 모두 다르기 때문에 맞는 방식이 될 수도 있고 맞지 않는 방법이 될 수도 있다. 다시 말해, 개인차가 있기 때문에 아이에 맞춰 적용해야 한다.

우리 집 쌍둥이의 경우에도 한 명은 한국어 책을 읽든 원서를 읽든 문맥을 통해 모르는 단어의 의미를 거의 비슷하게 유추해낸다. 하지만 다른 한 명은 유추한 뜻이 맞는 경우가 거의 없다. 그렇다 보니 엉터리로 해석을 하거나 단어를 잘못 인지한 상태로 넘어가는 경우가 많다. 따라서 아이가 유추한 단어들을 따로 표시해놨다가 책을 다 읽고 난 뒤에 사전의 뜻과 비교하도록 지도한다. 일일이 단어를 찾다보면 흐름이 끊길 수 있고, 문맥을 통해서 의미를 파악해야 그 단어가 머리에 오래 남기 때문이다. 책을 읽으면서 문맥을 통해 단어의 의미를 파악하는 것도 꾸준히 연습할 것을 추천한다. 하지만 아이가 단어를 유추하는 능력이 떨어지거나 초중급 레벨인 상황에서는 의미가 명확하지 않은 단어를 따로 적어 놓았다가 책을 다 읽은 뒤에 사전을 통해 정확한 뜻을 짚고 넘어가는 것이 좋다. 또한 즐거움을 위해 읽는 책이 아니라, 영어 학습이 목적이라면 반드시 뜻을 확인하도록 하자.

한국어 책의 경우에도 배경지식의 정도와 모국어 습득 정도에 따라 문맥을 통해 모르는 단어를 추론할 수 있는 아이가 있고 하지 못하는 아이가 있다. 추론한다 하더라도 잘못 인지하고 넘어가는 경우가 많기 때문에 추론한 단어의 뜻이 확실하지 않다면 책을 읽은 뒤 확인하는 것이 좋다. 모국어 단어의 뜻도 추론하는 것을 어려운데, 문맥을 통해 영어 단어 뜻을 정확하게 유추할 수 있는 아이가 과연 얼마나 되겠는가?

영어 문장의 기본 단위는 단어다. 다시 말해, 단어를 알지 못하고 문장을 만들 수 있는 방법은 없다. 게다가 우리나라 학생들이 한국어 어휘 뜻을 공부하듯 미국 학생들도 대학과 대학원 진학을 위해 영어 단어를 따로 공부한다. 결론적으로 고급 영어 실력을 갖기 위해서는 높은 수준의 영어 단어를 익혀야 한다. 즉 높은 수준의 글을 쓰고 고급 영어를 말하기 위해서는 단어의 수준을 높여 가야 한다. 결국 단어 공부가 중요하다는 의미다. 아이들이 읽기에 어려움을 느낀다면 반드시 단어 공부를 병행하는 것이 좋다.

내 아이에게 맞는 단어 공부 방법

• 사용 빈도가 높은 단어나 어원을 공부하라

사용 빈도가 높은 단어를 먼저 외워두면 향후 지속해서 만나게 될 단어를 미리 예습하는 효과를 볼 수 있다. 반대로 문법과 마찬가지로 학습자의 수준을 뛰어넘는 어려운 단어나 사용 빈도가 높지 않은 단어들을 학습하는 것은 비효율적이다. 어원을 통해 단어를 학습하는 것도 추천한다. 영어 단어 중 많은 단어들이 어원을 알면 쉽게 이해된다. 또한 어원을 공부하면 단어를 깊이 있게 이해할 수 있고, 나중에 모르는 단어가 나와도 대략적으로 뜻을 유추할 수 있다. 비슷한 주제를 가진 단어들을 함께 외우는 것도 단어를 오래 기억할 수 있는 좋은 방법이다.

• 교재를 통해 모르는 단어를 정리하라

단어 공부용 교재를 별도로 선택하기보다는 읽고 듣는 교재를 통해 모르는 단어를 정리하는 것이 좋다. 이렇게 하면 교재를 공부하면서 자연스럽게 반복하는 효과를 얻을 수 있고, 문맥 속에서 사용되는 단어의 뜻도 더욱 정확하게 파악할 수 있다.

엄마표 코칭 영어를 진행할 때 엄마는 아이가 학습한 단어들을 최대한 반복 학습할 수 있도록 이끌어주면 된다. 모르는 단어를 아웃풋 스터디 플래너(5-2 참고)에 적어 놓고 최대한 반복하도록 한다. 책을 읽으면서 모르는 단어의 의미를 대충 파악하고 넘어가면 나중에 막상 말하거나 쓰기를 할 때 사용하기 힘들다. 특히 눈으로만 익힌 단어는 쓰기를 할 때 스펠링을 잘못 쓸 가능성이 높기 때문에, 단어를 정확하게 외우고 쓸 수 있도록 지도해야 한다.

영어 학습의 4영역

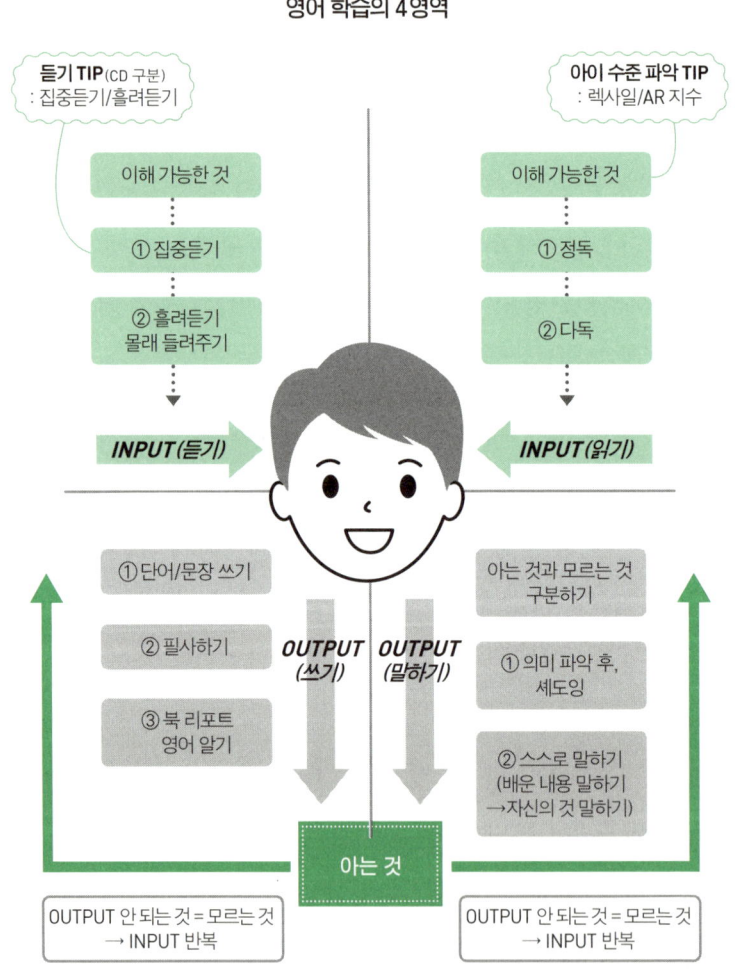

지금까지 엄마표 코칭 영어의 기본이자 핵심인 인풋(듣기 & 읽기)과 아웃풋(말하기 & 쓰기)에 덧붙여 문법과 단어 학습에 대한 내용을 살펴보았다. 여기서 설명한 내용은 아이가 영어 학습의 어떤 단계에 있든지 공통적으로 적용하고 지켜야 하는 기본적인 방법들이다. 아이의 성향이나 환경에 따라 실질적으로 적용할 수 있는 방법을 잘 고민하여 적용해 보길 바란다. 맨 마지막 장에서는 좀 더 구체적인 액션 플랜Action Plan을 제시할 것이다. 그 전에 먼저 아이의 영어 실력에 날개를 달아줄 코칭 비법을 공개할 것이다. 지금부터 제시하는 코칭 비법을 참고하여 아이들과의 공부 시간이 조금이나마 행복해지기를 바란다.

엄마표 영어에 '코칭' 더하기

문법과 단어 공부

1. 문법과 단어 공부는 영어 실력 향상의 촉매제다. 단, 시기와 방법을 잘 조절해야 한다.
2. 책을 읽으면서 단어의 의미를 유추하고 그냥 넘어가는 것은 학습자에 따라 자칫 위험할 수 있다. 고급 단계가 아니라면 책을 다 읽은 뒤에 유추한 단어의 뜻을 다시 확인하라.
3. ESL 학생들도 대학에 진학하면서 수준 높은 언어 사용을 위해 문법과 단어 공부를 한다. 높은 수준의 영어 실력을 갖는 데 있어 문법과 단어 공부는 선택이 아닌 필수다.

+ 플러스 코칭

무료 리딩 레벨 테스트 및 결과 확인법

1. 렉사일 지수 확인

http://testyourvocab.com/

결과 값을 10으로 나누면 렉사일 지수와 비슷하다.

2. 렉사일 지수 통해 수준에 맞는 영어책 찾기

https://fab.lexile.com/

3. AR 지수 확인할 수 있는 사이트

https://www.arbookfind.com/

저자나 주제 또는 책 제목을 입력하면 관련 검색어의 책들이 나온다. AR 지수를 알고 있다면 해당 책이 아이의 레벨에 맞는 책인지, 아이의 학년에 흥미로운 책인지 알 수 있다. ATOS Book Level은 책의 글 난이도를 측정하는 레벨 지수가 1.0에서 12.0까지 있다. 예시에서처럼 아토스 지수가 3.1이라면 미국 학생을 기준으로 3학년 1개월 차의 학생에게 적합하다는 의미다.

Interest Level

LG(Lower Grade) : 유치원~3학년

MG(Middle Grade) : 4~8학년

MG+(Middle Grade 6 and up) : YA(Young Adult)

UG(Upper Grades) : 9~12학년

The Magic Finger
Dahl, Roald
AR Quiz No. 9268 EN

A duck-hunting family learns a lesson when an eight-year-old girl turns her magic finger on them.

AR Quiz Availability:
  Reading Practice, Recorded Voice, Literacy Skills, Vocabulary Practice

ATOS Book Level:	3.1
Interest Level:	Lower Grades (LG K-3)
AR Points:	0.5
Rating:	★★★⅃
Word Count:	3724
Fiction/Nonfiction	Fiction
Topic - Subtopic:	Animals-Ducks; Mysteries-Magic; Sports/Recreation-Hunting;
Series:	

4. ER 지수 무료 테스트

http://educakorea.co.kr/new/main/

ER 지수는 에듀가코리아에서 한국 학생들의 인지 레벨을 감안, 문화적·언어적 차이를 반영하여 만든 리딩 지수다. ER 지수를 참조하면 미국 기준으로 몇 학년 수준인지 알 수 있다. ER 지수에 맞는 책을 추천해 주는데, 추천도서에 AR 지수가 표시된 경우가 많아서 대략적인 AR지수를 파악하는 데 도움이 된다.

5. 렉사일 지수와 AR 지수로 원서 쉽게 찾는 법

국내 인터넷 서점 알라딘은 렉사일 지수와 AR 지수에 따른 책들을 분류해 놓고 있다. YES24 역시 렉사일 지수를 바탕으로 책을 분류해 놓아서 레벨에 맞는 책을 쉽게 찾을 수 있다.

+ 플러스 코칭

말하기 학습의 꽃, 프레젠테이션 & 프로젝트 학습

- **프레젠테이션 학습법**

아이가 어느 정도 말하기에 익숙해지면 프레젠테이션으로 말하기 연습을 하는 것이 좋다. 아이가 책이나 교재의 일정 부분을 끝내면 아이 스스로 정리하여 발표하게 하는 것이다.

나는 메인 교재의 한 챕터가 끝나면 쌍둥이에게 4~8개 정도의 작은 그림을 그리거나 중요한 단어들(키워드)을 적어서 발표하게 했다. 발표로 말하기를 하게 되면 전반적인 주제를 파악하는 것을 넘어 내용을 구성하는 방법까지 배울 수 있다. 이는 곧 다른 사람에게 자신의 생각을 표현하는 전달력으로 이어지며, 그림이나 키워드를 보면서 스스로 말해야 하는 만큼 자연스럽게 많은 문장을 습득할 수 있다.

아이의 실력을 향상시키기 위해서는 어려운 부분까지 발표에 넣도록 유도해야 한다. 즉 발표를 시작하기 전에 새롭게 배운 문장과 단어를 표시하거나 쓰도록 하고, 그 부분을 발표에 넣을 때 보상해 주는 방법이다. 이런 식으로 아이가 처음 배우거나 익숙하지 않은 표현에 대해서 발화 연습을 하도록 지도하는 것이 요령이다.

- **프로젝트 학습법**

아이의 실력이 완성되고 자기 주도로 학습할 수 있는 단계라면 프로젝트 수업을 진행한다. 프로젝트 학습은 '실질적으로 무언가 스스로 실행함으로써 배운다Learn by doing'라는 원칙에 뿌리를 두고 있다. 즉 아이 스스로 주제를 정해서 찾고 정리하여 발표하는 것이다. 시험을 치르기 위해 단순 암기한 지식은 쉽게 잊어버리지만 스스로 찾고 공부한 내용은 오래가고 깊이도 깊을 수밖에 없다. 초등학교 이후의 아이들은 충분히 구글이나 네이버 등의 검색 엔진을 통해 자기가 원하는 정보를 찾을 수 있다. 프로젝트 수업을 진행할 수 있는 여건이 이미 갖춰져 있다는 의미다.

프로젝트 수업의 주제는 당연히 '아이가 관심 있어 하는 것'이어야 한다. 이렇게 해야만 아이는 즐거운 마음을 가지고 과제에 집중할 수 있기 때문이다. 자료를 찾고 정리하고 발표하는 과정에서 모르는 단어와 문장을 만나면 영어 실력도 향상되지만 자료를 정리하고 꼭 필요한 정보를 구분할 수 있는 능력도 키울 수 있다. 프로젝트 학습법은 영어뿐만 아니라 그 진행 과정을 통해 아이의 사고력을 성장시켜 준다.

5장

아이의 실력에 날개를 달아주는 엄마표 코칭

01

영어 교재
선택의 비밀

교재를 활용하면 좋은 이유

　엄마들과 상담을 해보면 영어 학습 못지않게 큰 비중을 차지하는 것이 있는데, 바로 공부 습관에 관한 부분이다. 엄마표 영어의 시작을 앞두고 엄마는 당장 아이와의 싸움이 두렵다. 공부를 시키려는 자와 피하려는 자의 술래잡기가 될 것을 알기 때문이다. 지금부터는 이런 엄마들을 위해 내가 경험하고, 내 아이들에게 적용하고 있는 코칭 비법을 소개하려고 한다.

　영어를 시작할 때 가장 큰 고민인 교재 선택부터 공부하는 방법, 자기 주도 학습을 하도록 돕는 아웃풋 스터디 플래너, 시간 활용법 등을 차례대로 소개하겠다. 그런 다음 아이의 영어 실력을 최고치로 이끌어줄 부모의 언어와 칭찬 비결을 풀어놓으려 한다. 엄마표 영어 학습 이론에 대해 아무리 잘 알아도 아이가 공부하게 만들지 못하면 아무 소용이 없다. 앞으로 소개할 코칭 TIP을 잘 적용하면 조금이나마 언성을 덜 높이고 조금 더 웃으면서 공부할 수 있을 것이다. 먼저 교재를 활용해 엄마표 영어를 하면 좋은 이유를 설명한다.

도구는 인간의 일을 더 효율적으로 만들기 위한 고민 끝에 발명되었다. 피라미드를 만든 이집트인들도 무거운 돌을 옮기고 쌓을 방법을 끊임없이 고민했다. 그 결과 빗면을 사용해 무거운 돌을 올리고, 돌 아래 통나무를 깔아 돌을 옮기고, 도르래를 이용해 적은 힘으로 무거운 돌을 높이 끌어올리는 도구를 고안했다. 이처럼 어떤 도구를 사용하느냐에 따라 적은 힘으로도 최상의 효과를 발휘할 수 있다.

마찬가지로, 영어 공부에 있어 효율적인 학습을 돕기 위한 끝없는 고민 끝에 만들어진 것이 교재다. 따라서 교재를 잘 활용한다면, 실력이 더 빠르게 향상될 수 있을 것이다.

영어 학습을 할 때 원서나 DVD, 유튜브 등을 가지고 진행할 수도 있고, 학습용 교재로 진행할 수도 있다. 하지만, 나는 영어 학습용 교재를 선택할 것을 추천한다. 그 이유는 다양하다. 먼저 교재를 활용하면 아이의 실력을 객관적으로 파악할 수 있다. 대부분의 교재는 문제와 워크북을 포함하고 있기 때문에 아이가 어느 정도 이해하는지 눈으로 확인하기가 쉽다. 아이 역시 자신의 레벨에 맞는 책으로 공부가 가능하다.

학원에 다니는 아이의 경우 대개 상급반으로 가면서 성취감을 느낀다. 집에서도 마찬가지다. 교재의 레벨이 올라갈 때마다 아이는 자신의 실력이 한 단계씩 발전하고 있다는 것을 느낄 수 있다. 또한 대부분의 교재는 다양한 분야의 정보와 지식이 담겨 있기 때문에 지식 확장이 가능하며, 주제가 흥미롭고 새로워 지루하지 않게 학습이 가능하다. 특히 한국에서 영어 공부를 하는 아이의 경우에는 시험에 대비하여 교재에 있는 다양한 문제들을 풀어보는 것이 나중에 중학교나 고등학생이 되어 시험을 볼 때 도움이 된다.

교재 선택,
아이의 의견을 존중하라

대부분의 교재 출판사들은 웹사이트를 통해 무료 레벨 테스트를 제공하거나 수준, 연령, 학년에 따라 교재를 선택할 수 있는 북맵book map과 커리큘럼을 제공하고 있다. 최근에는 인터넷을 통해 교재를 구입하는 경우가 많은데, 다른 사람들의 리뷰는 최소한만 참고하자.

개인적 특성, 성별, 나이에 따라 아이가 선호하는 교재는 매우 다르다. 스토리 형태의 리딩 책을 좋아하는 아이도 있고, 교과서처럼 사실 자료를 바탕으로 하는 논픽션을 좋아하는 아이도 있다. 성향이 다 다른 만큼 교재는 공부할 아이가 직접 선택하게 해야 한다. 그래야 만족도가 높고, 더 책임감 있게 공부한다. 따라서 교재를 구입할 때는 아이와 함께 서점에 방문하여 아이가 직접 보고 고르게 하는 것이 좋다. 엄마는 인터넷을 통해 미리 아이 레벨에 맞는 책을 확인하여 아이가 자신에게 맞는 책을 선택할 수 있게 가이드하는 역할만 해주자.

    서점에 갈 시간과 상황이 여의치 않아 인터넷을 통해 구입하는 경우도 있을 것이다. 이 경우 출판사 홈페이지나 인터넷 서점이 제공하는 미리보기를 통해 지문과 문제를 출력해 아이에게 읽고 풀어보게 한 다음 구매할 것을 권한다. 음원을 들어보고 답지의 답을 체크하여 아이가 어느 정도 이해하는지를 미리 확인한 뒤 아이의 정답률이 높다면 한 단계 높은 교재를 선택해도 좋다.

    요즘 나오는 교재들에는 대부분 레벨이 표시되어 있어 아이의 실력에 맞는 책을 찾기가 쉽다. 하지만 표시된 레벨만 보고 교재를 구입할 경우 생각보다 쉬울 수 있다. 레벨을 기준으로 교재를 선택할 때는 한 단계 높은 레벨의 교재를 구입할 것을 추천한다. (단, 앞에서도 밝혔지만 문법 교재는 예외다.) 쉬운 교재는 자신감을 실어줄 수는 있지만 아이 입장에서 배우는 것이 거의 없기 때문이다. 조금 어려운 교재로 도전하는 것이 아이의 실력 향상을 위해서도 좋고, 현재 사용하기 어렵다 해도 실력이 오른 뒤 나중에 활용할 수도 있다.

메인 교재와
보조 교재를 나누어라

    메인 교재와 보조 교재를 확실히 나누는 것도 중요하다. 특히 메인 교재는 정독과 집중듣기는 물론 흘려듣기와 몰래 들려주기에도 집중적으로 사용하는 교재인 만큼 신중하게 선택해야 한다. 메인 교재의 목표는 교재 안에 있는 모든 문장을 거의 암기하고 활용하는 것이다. 반복적으로 들어야 하므로 초기 어린 학습자의 경우는 중간에 챈트(chant, 멜로디가 없고 단조로운 말로, 반복되는 문구를 리듬에 맞추어 부르는 것)가 있는 것이 좋다.

성우의 목소리와 속도, 배경 음악도 아이의 마음에 들수록 좋다. 메인 교재는 앞서 소개한 교재 선택 방법 및 AR 지수와 렉사일 지수 등을 참조하여 선택하되, 레벨마다 2~4권(또는 세트) 정도의 책을 마스터하게 하면 된다.(이 부분은 6장 액션 플랜에서 자세히 설명할 것이다.) 나 역시 쌍둥이가 음원과 챈트에서 흥미를 보인 교재를 메인 교재로 선정했다. 아이들은 자신이 직접 고른 교재를 재미있어 하며, 메인 교재의 목표대로 모든 문장을 외울 때까지 무한 반복했다.

보조 교재는 리딩, 듣기, 문법, 단어 등 아이의 상황에 따라 추가로 학습하는 부수적 교재다. 내 경우에는 레벨별로 상황에 맞게 1~2권의 보조 교재를 사용했다. 레벨별로 책 읽기의 기초가 부족할 때는 리딩 교재를, 문법이 필요한 단계에서는 문법 교재를 이용하여 부족한 부분을 보충했다. 보조 교재에 워크북이 딸려 있는 경우, 처음에는 교재로만 진행하고 그 다음에 워크북을 사용하여 두 번 반복하도록 이끌어주는 것이 좋다. 단, 아이가 메인 교재로도 벅차다면 보조 교재는 사용하지 않아도 된다. 또한 보조 교재는 메인 교재처럼 전체 지문을 다 외우기보다는 부족한 부분을 보충한다는 생각으로 모르는 부분을 반복 학습하는 데 초점을 맞추면 된다.

나는 가능하면 원서 읽기로는 영어 공부를 진행하지 말라고 권한다. 책은 영어 공부를 위해 읽는 것이 아니라 아이들이 읽고 싶을 때, 읽고 싶은 책이 있을 때 즐겁게 읽는 것이 좋다. 또한 영어책이 영어 공부의 '수단'이 되는 순간 아이들은 영어책을 멀리할 수 있기 때문이다. 그보다는 아이들이 영어책을 스스로 잘 읽을 때, 책읽기 목표를 세우고 달성했을 때 아이가 관심 있어 하는 인센티브를 제공하도록 하자. 책의 권수에 집착하다 보면 아이는 물론 엄마도 금방 지칠 수 있고, 실력과는 상관없는 의미 없는 다독으로 이어질 수 있다. 메인 교재와 보조 교재로 기본이 탄탄하게 잡힌 아이라면 자신의 레벨에 맞는 책들을 어렵지 않게 읽어낼 것이다.

아이가 주도하고
엄마가 코칭하는 교재 학습 방법

기초 단계의 교재들은 대부분 그림과 함께 짧은 기초 문장으로 구성되어 있기 때문에 대략적인 의미 파악이 가능하다. 모든 문장을 자세하게 분석할 필요는 없다. 하지만 잘못 이해하고 넘어갈 수 있으므로 해석을 참고하여 해석의 오류가 있는지는 확인해야 한다. 기초 단계에서 기본 문장과 단어가 충분히 학습되어 있다면 엄마는 듣기, 읽기, 말하기 교재를 스스로 공부할 수 있도록 이끌어 주기만 하면 된다. 이런 아이의 경우 지문이 조금 길어지고 어려워져도 힘들지 않게 진도를 나갈 수 있다. 해석이 되지 않는 가장 큰 이유는 대부분 단어를 모르기 때문이다. 따라서 새로운 단어를 익히면서 다음과 같은 방법으로 진행해보자.

Step 1. 지문을 2~3번 읽는다(또는 듣는다)

읽기 교재는 새로운 지문을 소리 내어 2~3번 정도 먼저 읽게 한다. 아이가 잘 알고 있는 부분은 빠르게 읽을 것이고, 잘 모르는 부분은 망설이거나 소리의 크기가 작아질 것이다. 읽고 나서 잘 모르는 단어와 문장을 표시하게 한다. 듣기 교재의 경우엔 학습할 지문을 2~3번 먼저 들어보게 한다. 잘 들리지 않는 부분은 지문을 찾아서 표시한 뒤 여러 번 따라해서 자기 것으로 만들어야 한다.

Step 2. 모르는 단어와 문장을 익힌다

새로운 단어를 말하고 쓰면서 여러 번 암기한다. 단어와 문장을 외우고 나서 다시 음원을 들으면서 여러 번 반복한다.

Step 3. 문제를 풀어본다

문제를 풀어보면 잘못 이해한 부분이나, 부족한 부분들을 쉽게 파악할 수 있다. 단어를 암기했음에도 잘 이해되지 않는 문장은 답지를 보면서 내용을 파악하고 넘어가야 한다. 그리고 새로 학습한 내용은 스터디 플래너에 기록하여 여러 번 반복해야 한다. 이해되지 않는 부분이 너무 많아서 내용을 확인하는 데 오랜 시간이 걸린다면 교재의 레벨을 한 단계 낮춰 진행할 것을 권한다. 자신의 레벨에 맞는 책을 학습하고 있는 아이는 단어의 뜻을 파악하면 해석이 안 되는 부분이 대부분 해결된다. 하지만 한 지문에서 모르는 단어를 모두 해결했음에도 문장 자체가 이해가 안 되는 부분이 두 군데 이상이라면 교재의 레벨이 아이의 실력 대비 높다고 보면 된다. 이런 경우엔 불안해하거나 망설이지 말고 레벨을 한 단계 낮추는 것이 좋다.

Step 4. 교재를 최대한 여러 번 반복한다

최근에는 하이브리드hybrid 형태의 교재가 많다. 그래서 읽기 책이라고 해도 객관식 문제만 있는 것이 아니라 본문 내용 영작(쓰기)하기, 본문 듣기를 통한 빈칸 채우기(듣기) 등을 할 수 있게 구성돼 있다. 또 지문 내용을 요약 정리해서 발표해 보면 말하기 수업으로도 진행이 가능하다. 여러 권의 책을 공부하는 것보다 한 권의 책을 완벽하게 마스터하는 것이 영어의 기초를 탄탄히 쌓는 데 훨씬 효과적인 만큼 하나의 교재를 다양한 방식으로 학습하는 것을 추천한다.

워크북은 교재 전체를 복습할 때 푸는 것이 좋다. 새로운 교재를 공부할 때도 워크북을 가지고 이미 학습한 교재를 다시 반복하자. 복습은 시간이 많이 걸리지도 않고, 반복을 통해 단어와 문장을 오래 기억할 수 있어 효과가 크다. 최근에는 인터넷으로 강의를 제공하는 교재도 있다. 설명이 필요하거나 아이가 내용을 이해하기 힘들어한다면 인터넷 강의를 제공하는 교재를 선택하는 것도 하나의 방법이 될 것이다.

엄마표 영어에 '코칭' 더하기

영어 교재 선택의 비밀

1. 엄마표 영어를 진행할 때는 학습용 교재로 공부하는 것이 좋다. 객관적인 실력 파악이 가능하고, 레벨이 상승하는 과정에서 성취감을 느낄 수 있기 때문이다.
2. 교재는 아이가 직접 선택하도록 하라. 부모는 아이가 적정 수준의 교재를 선택할 수 있도록 가이드 역할만 해주면 된다. 아이 자신이 선택한 교재일수록 공부할 때 만족감이 높다.
3. 한 권의 책을 완벽하게 마스터하는 것이 기초를 탄탄히 쌓는 데 효과적이다. 하나의 교재를 다른 방식으로 여러 번 반복하도록 지도하라.

02
자기 주도 학습을 돕는 아웃풋 스터디 플래너

기적의 스터디 플래너, 우아한 엄마의 탄생을 알리다

"오늘 이거 했어? 안 했어?"

"영어 숙제는 다 했니?"

"도대체 공부는 언제 할 거니?"

대부분의 엄마들은 하루에도 몇 번씩 아이가 공부를 했는지 안 했는지 체크할 것이다. 엄마 입장에서는 아이를 챙겨주는 것이지만 아이 입장에서는 매일 반복되는 잔소리일 뿐이다.

나 역시 쌍둥이를 데리고 영어 공부를 시작했을 때 아이들이 무엇을 하고 무엇을 하지 않았는지 체크하는 것이 일상이었다. 서로 피곤한 일이었다. 엄마인 내가 하라고 해도 아이들이 로봇처럼 바로 반응하는 것이 아니기 때문에 똑같은 잔소리를 하루에도 몇 번씩 반복했다. 그때마다 공부가 즐거운 것이 아니라 반드시 끝내야 하는 임무가 되어 버리는 것 같아 안타까웠다.

특히 쌍둥이 두 딸은 공부 페이스가 전혀 달랐다. 한 아이는 먼저 끝내고 노는 스타일이었고, 다른 아이는 노는 것이 지겨울 즈음 공부를 시작하는 아이었다. 내가 어떤 잔소리를 하든 상관없이 쌍둥이는 각자의 페이스에 맞춰 공부를 했다. 나는 '나의 페이스'에 아이들을 맞췄음을 인정하고, 일과 내에 각자 알아서 공부할 수 있도록 스터디 플래너를 만들어주었다. 플래너에 공부를 언제 시작해서 언제 끝냈는지, 총 공부 시간은 얼마인지뿐만 아니라 학습 내용까지 함께 기록했다.

스터디 플래너의 장점은 많다. 공부 계획을 세우고, 실행 여부를 체크하며, 총 공부 시간을 확인할 수 있게 구성되어 있기 때문이다. 따라서 스스로 학습 계획을 세우는 것은 물론 혼자 공부하는 힘을 기를 수 있어 자기 주도 학습이 가능하다. 실제로 스터디 플래너를 기록하다 보면 아이 스스로 공부한 시간을 깨닫게 된다. 많이 공부했다고 생각하지만 의외로 적은 시간 공부한 날도 있을 것이고, 반대로 조금 공부한 것 같은데 시간이 훌쩍 지나 있는 날도 있을 것이다. 스터디 플래너의 또 다른 장점은 좋은 습관을 형성할 수 있다는 데 있다. 스스로 계획을 세우고, 실행하고, 반성하면서 자연스럽게 학습 태도가 좋아지고 학습 효과가 높아지기 때문이다.

나는 기존의 시간 관리용 학습 플래너에 아이들이 공부한 내용을 기록할 수 있게 했다. 쉽게 말해, '스터디 플래너에 내용을 더해' 아웃풋을 유도하고 학습기억을 높여주는 아웃풋 스터디 플래너를 만들었다. 학습 내용을 함께 기록할 수 있는 아웃풋 스터디 플래너를 통해 아이들이 오늘 어느 부분을 공부했는지, 새로 배운 지식은 무엇인지 확인했다. 그리고 다음날 공부를 시작하기 전에는 전날 공부한 내용을 확인하고, 한 주의 학습이 끝난 주말에는 그 주에 배운 내용을 복습할 수 있게 했다. 우리 집 쌍둥이는 몇 년째 이 아웃풋 스터디 플래너를 사용하고 있으며, 내가 지도한 아이들과 학부모님들께도 큰 호응을 얻고 있다. 단순해 보이지만 그 효과는 엄청나다. 한 가지 주의할 것은, 플래너를 작성하는 것이 아이와 엄마에게 또 다른 숙제나 잔소리가 되지 않도록 보상과 칭찬을 통해 자연스럽게 활용되어야 한다는 것이다. 그럼 지금부터 아웃풋 스터디 플래너의 구성과 활용법에 대해 소개하겠다.

아웃풋 스터디 플래너의 구성과 활용법

Step 1. 공부 시작 전에 체크할 항목

1) 이용 가능한 학습 시간

학원에 있거나 밥 먹고 씻는 시간을 제외한, 즉 현실적으로 집중해서 공부 가능한 시간을 적는 부분이다. '2시부터 3시', '4시 30분부터 6시' 이런 식으로 구체적으로 적고 이용 가능한 전체 시간을 모두 합쳐 하루에 공부할 수 있는 총 시간을 미리 계산한다.

아웃풋 스터디 플래너

01 일차	3) 꼭 해야 할 공부 (중요한 순서대로)	시간 분배
20 년 월 일 요일	①	
	②	
	③	

1) 이용 가능한 학습 시간	학습서	4) 기억하고 싶은 내용	시간
2) 오늘의 목표			
	5) 총 공부 시간		

6) 새롭게 알게 된 내용	7) 오늘의 공부 평가하기
너를 응원해!	8) 부모님 확인

2) 오늘의 목표

그날 꼭 하겠다고 생각하는 목표를 적게 하는 부분이다. '전날 하지 못한 것을 오늘 보충하겠다'라거나 '오늘은 주어진 시간 내에 영어 공부를 끝마치겠다' 등의 구체적인 목표가 좋다.

3) 꼭 해야 할 공부와 시간 분배

중요도를 판단해 공부할 순서를 적는 부분이다. 그런 다음 이용 가능한 시간 내에서 각 과목별로 가능한 시간을 배분한다. 안 하는 공부는 계속 안 하거나 싫은 공부는 뒤로 미루게 되는 만큼 중요한 순서대로 공부할 수 있도록 코치해야 한다. 이용 가능한 시간 중 30분은 비워두고 제시간에 끝내지 못한 공부가 있으면 하도록 한다.

아웃풋 스터디 플래너의 사용 초반에는 무리하게 스케줄을 잡아서는 안 된다. 이때는 아이가 스스로 기록하고 성공하면서 느끼는 성취감을 통해 습관을 만들어주는 것이 중요하다. 스터디 플래너를 쓰는 데 점점 익숙해지면 주어진 시간 내에 아이가 끝낼 수 있는 공부 양을 조금씩 늘려주자. 아이가 집중했을 때의 공부 양을 체크해서 시간을 분배해 보고, 아이가 시간 대비 할 수 있는 적절한 공부 양을 스스로 파악하고 집중하여 그 양을 끝낼 수 있게 해야 한다. 아이의 집중도가 높아지고 실력이 좋아질수록 같은 양을 공부해도 소요되는 시간이 줄어든다. 아이가 일정량의 공부를 끝내는 시간이 점차 줄어든다면 다시 과목당 시간과 공부 양을 조금씩 늘려가거나 다른 것을 추가적으로 시키도록 한다.

Step 2. 공부하면서 체크할 항목

4) 과목 또는 교재, 기억하고 싶은 내용, 시간

공부를 시작하면서 과목이나 교재명을 적게 한다. 시간은 초시계를 사용해도 좋고, 공부를 시작하는 시간과 끝나는 시간을 적어도 좋다. 공부 시간을 체크하는 이유는 아이가 공부의 시작과 끝을 인식하면 주어진 시간 내에 공부를 마치기 위해 더 집중하기 때문이다.

갑자기 레벨이 높아지거나 이해하지 못할 경우 제 시간에 공부를 마치지 못할 수 있다. 이럴 때는 시간을 늘리기보다는 공부 양을 줄여 아이가 서서히 적응하도록 해야 한다. 배분한 시간 내에 공부를 마치지 못한 경우에는 비워둔 30분을 활용하면 좋다. 공부에 집중했음에도 시간 내에 마치지 못한 경우에는 양을 조절하여 최대한 목표한 양을 끝내는 습관을 들이게 해야 한다. 그리고 공부가 끝난 뒤에는 새로 배운 내용 중에서 꼭 기억하고 싶은 내용을 적어 보는 습관을 들여야 한다. 기억이 나지 않을 때는 책을 펼쳐서 확인한 뒤 다른 색깔로 표시해 두고 반복해서 외울 수 있도록 한다.

Step 3. 공부를 마감하면서 체크할 항목

5) 총 공부 시간

하루에 공부하는 시간을 스스로 체크해 보는 부분이다. 중간중간 쉬는 시간을 제외한 순수한 공부 시간이기 때문에 생각보다 시간이 길지 않다고 느껴질 수 있다. 학년이 올라갈수록, 공부에 익숙해질수록 점차 시간을 늘려가도록 한다.

6) 새롭게 알게 된 내용

새로 배운 영어 단어나 문장, 새로 익힌 문법, 다른 단어를 가지고 응용한 문장 등을 적으면 된다. 수학이라면 꼭 기억해야 할 공식이 될 수도 있고, 오늘 틀린 문제 가운데 숫자와 내용을 바꿔 다시 문제를 내고 풀어보는 것일 수도 있다. 기억해야 할 내용과 새롭게 알게 된 내용을 여러 번 살펴보면 반복 학습 효과를 높일 수 있다. 주말에는 일주일치를 쭉 복습하도록 한다. 저학년 때는 이 부분과 기억해야 할 내용을 구분하는 것이 어려울 수 있지만 학년이 올라갈수록 배운 내용을 더 잘 응용할 수 있기 때문에 이 부분을 더 효율적으로 활용할 수 있다.

7) 오늘의 공부 평가하기

집중하지 못하거나 개선하면 좋은 부분을 평가하는 부분이다. 엄마는 아이의 평가 자체를 칭찬해 주어야지 아이가 평가를 제대로 하는지 아닌지를 판단해서는 안 된다. 아이 스스로 평가하면서 발전해 나갈 수 있도록 도와주면 된다.

8) 부모님 확인 & 너를 응원해!

사인만 해 줄 것이 아니라 짧게나마 아이에게 응원의 메시지를 쓰도록 한다. 부모의 말 한마디가 아이에게는 큰 힘이 되기 때문이다. 단, 칭찬에도 기술이 있다. 과도한 칭찬, 관심 없는 칭찬 모두 바람직하지 않다(플러스 코칭 참조). 오늘 새로 배운 내용에 대해 아이와 이야기를 나누고 아이가 다시 반복할 수 있도록 자연스럽게 이끌어주면 좋다. 아이가 외운 것을 말하거나 쓰는 것에 대해 어느 정도 익숙해지면 그날 배운 새로운 내용을 발표시키는 것도 좋은 방법이다.

9) 아웃풋 스터디 플래너의 여백 활용법과 필사

영어책이든 한글책이든 읽은 내용 중 기억하고 싶거나 어려운 내용을 필사시키면 모국어는 물론 영어 실력을 향상시킬 수 있다. 또 공부 중 질궁금한 것이 생길 때마다 여백에 기록해 놓게 하면 아이가 중간에 질문하지 않아도 되고 그로 인해 공부의 흐름이 끊기는 일도 없어 집중하기에도 좋다.

잔소리 때문에 하는 공부보다 스스로 공부해서 칭찬받는 것이 학습 성취도를 높이는 데 도움이 되는 것은 두말할 것도 없다. 엄마는 스터디 플래너를 보며 아이를 칭찬하고, 지속적으로 시간을 늘려가면서 공부할 수 있도록 격려해주면 된다. 특히 아이가 새롭게 알게 된 지식에 대해 칭찬하는 것이 중요하다. 스터디 플래너의 장점은 많지만, 그중 가장 큰 장점은 아이에게 더 이상 잔소리를 하지 않아도 되어 에너지 소모가 적어지고 아이와의 관계도 좋아진다는 것이다.

엄마는 사장님처럼 사인하고, 응원의 메시지만 보내면 된다. 이 과정이 쌓이다 보면 아이는 대리, 과장을 거쳐 어느새 더 높은 자리에 앉아 있을 것이다. 물론 엄마는 '우아한 사장'이 될 수 있다.

엄마표 영어에 '코칭' 더하기

엄마를 우아하게 만드는 스터디 플래너

아웃풋 스터디 플래너란?

공부 계획을 세우고, 실행 여부를 체크하며, 총 공부 시간을 확인할 수 있게 해주는 기존 학습 플래너를 뛰어넘어 새로 공부한 내용을 적고, 반복 학습을 유도하는 플래너

아웃풋 스터디 플래너의 장점

1. 시간을 관리할 수 있다.
2. 새로 공부한 내용을 적고 반복 학습함으로서 효과적인 학습이 가능하다.
3. 부모님이 아이 공부에 일일이 간섭할 필요가 없어 아이와의 관계에 좋은 영향을 미친다.

03
하루를 3일처럼, 시간에 마법을 더하라

영어, 선택과 집중의 해를 만들자

아이가 초등학교에 입학하면 엄마들은 자연스럽게 모임에 참석하게 되고, 이 과정에서 원하든 원치 않든 다양한 사교육 정보를 듣게 된다. 내 아이가 어린이에서 학생이 되었다는 생각에 무언가를 시켜야 한다는 의무감에 사로잡히기도 한다. 그리고 결국엔 학습지부터 가베, 영어 학원, 수학 학원 등 사교육 시장에 발을 들여놓게 된다.

나에게도 아이들이 1학년이었던 시기가 있었고, 역시나 이러한 유혹에 흔들렸다.

"여자 아이들은 수학에 약하니까 어렸을 때부터 연산 연습을 열심히 해놓아야 한대."

"피아노 외에 다른 악기 하나 정도는 더 다룰 줄 알아야지."

쌍둥이에게 다양한 공부를 시키지 않는 나를 보며 주변 엄마들은 걱정스런 눈빛과 충고를 보냈다. 하지만, 어른인 나도 한번에 여러 가지를 못 하는데 아직 아기 티를 벗지 못한 아이들은 오죽할까 싶었다. 무엇보다 벌써부터 이것저것 시키면서 지치게 하고 싶지 않았다. 충분히 놀아야 할 시기에 이것저것 다 하다가는 놀 시간이 부족할 것이 뻔했다. 그래서 아이들이 1학년 때 가장 중요하다고 생각한 '책 읽기'와 새로 시작하는 '영어'에만 집중하기로 마음먹었다. 다시 말해 '영어 집중의 해年'로 정한 것이다.

부모님들과 상담할 때도 예외는 아니다.

"초등학교 저학년 때 딱 1년만 아이가 영어를 집중해서 공부할 수 있도록 다른 스케줄은 최대한 조정해주세요."

역시나 '영어 집중의 해年'를 만들어주라고 말한다. 이렇게 하면 아이는 부담 없이, 지치지 않고, 재미있게 영어 공부를 할 수 있고, 부모는 온전히 아이의 영어에 신경을 써 줄 수 있다. 특히 아이 입장에서는 집중한 만큼 실력이 늘어나니 영어에 흥미를 잃지 않을 수 있다. 어른만큼이나 아이들도 본인이 성장하는 것을 인식하고, 실력이 늘어난 것에 뿌듯해하기 때문이다. 그리고 이런 '성공 경험'은 더 높은 수준으로 나아가는 데 원동력이 된다. 단, 아이가 영어를 거부할 경우에는 무리하게 시작하기보다 아이의 영어 거부감이 사라진 뒤에, 그리고 학습 동기가 형성된 뒤에 시작하는 것이 좋다.

'영어 집중의 해'가 성공하기 위해 가장 중요한 것은, 엄마의 준비가 아니라 아이의 마음이다. 다시 말해 영어에 푹 빠져들 수 있는 상황이 만들어져야 한다. 1년을 온전히 영어에 집중할 수 있는 상황이 마련되어야 아이가 '행복하게' 공부할 수 있다.

시간에
마법을 더하라

1년을 오롯이 영어 공부에 쓰기로 마음먹었다면 이제 그 소중한 시간을 어떻게 효과적으로 활용할지 고민해야 한다. 먼저 학습 방법의 경우 영상보다는 CD 등의 음원 자료를 들려주는 것이 듣기에 더 집중할 수 있어 효과적이다. 영상을 먼저 보면 아이가 시각과 청각 두 가지 모두를 사용해야 하기 때문에 소리에 집중하지 못할 뿐더러 화면을 보고 내용을 대충 짐작하고 넘어가게 된다. 여러 연구 결과만 보더라도 아이들에게 DVD를 보여주는 것은 시간 대비 좋은 효과를 얻지 못한다. 따라서 책과 함께 CD나 음원 자료를 통해 듣고, 말하기 훈련을 할 것을 추천한다. 특히 시각이 발달한 남자 아이의 경우 화면에 집중한 나머지 소리를 놓치는 경우가 많으므로 음원 자료를 적극 활용하는 것이 좋다.

다음은 노출 방법이다. 영어는 모국어가 아니기 때문에 노출되는 시간의 양도 중요하지만 얼마나 자주 노출되는지도 중요하다. 노출 빈도를 늘려줄수록 아이들은 어려운 내용을 친근하게 받아들이고, 단기 기억된 단어와 문장을 장기 기억으로 전환할 수 있는 가능성도 높다. 또한 아무리

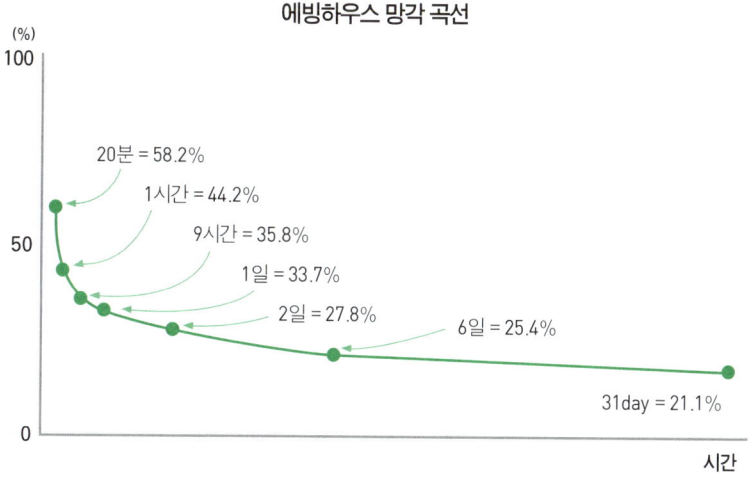

많이 입력하더라도 대부분 기억하지 못하면 입력량과 상관없이 좋은 효과를 보기 힘들다. 즉, 중요한 것은 머릿속에 오래 남기는 것이다. 그러기 위해서는 새로운 정보를 계속 넣어주기보다는 이미 학습한 문장들을 머릿속에 완벽하게 각인시켜 주는 것이 문장 만들기의 뼈대를 세우고 활용하는 데 도움이 된다. 그러면 학습한 문장을 어떻게 하면 효율적으로 머릿속에 각인시킬 수 있을까?

에빙하우스의 망각곡선에 따르면, 학습 바로 직후에 망각이 급격하게 일어나며, 학습 직후 20분이 지나고 나서는 41.8%가 망각되었음을 보여준다. 종합해볼 때 공부한 내용을 오랫동안, 그리고 제대로 기억하기 위해 가장 효과적인 방법은, '시간 간격을 두고 규칙적으로 여러 번 반복'하는 것이다.

하루를 3등분으로 나눠서 사용하면, 반복 학습 효과를 크게 높일 수 있다. 또한 3등분으로 나누다 보니, 한번에 진행하는 학습 시간이 길지 않아 아이들이 부담 없이 공부할 수 있는 장점이 있다. 아침, 오후, 저녁 세 번에 나눠서 공부하면 지치지 않을까 생각하겠지만, 아침과 저녁 공부는 아이에게 공부를 강요하는 것이 아니라 이미 배웠던 내용이나 앞으로 배울 내용에 대해서 들려주는 것(=흘려듣기) 정도이기 때문에 아이가 즐겁게 할 수 있다.

하루를 3일처럼 쓰는 법

아이의 영어 학습을 돕기 위해 엄마가 해야 할 일은 두 가지다. 하나는 아이가 좋아할 만한 교재를 아이와 함께 잘 선정하는 것이고, 다른 하나는 영어 음원을 듣기에 최적화된 환경을 만들어주는 것이다. 나는 거실, 아이들 공부방, 침실에 CD플레이어를 놓아두고 아이들이 영어 듣기를 원할 때 마음껏 들을 수 있도록 해주었다. 한 공간에서만 계속 듣는 것은 지루할 수 있고, 아이 역시 재미가 있어야 수시로 듣고 싶어 하기 때문이다.

처음에는 엄마가 적극적으로 아이가 영어에 노출될 수 있도록 CD를 들을 수 있게 해주어야 한다. 흘려듣기 시간에 아이 스스로 직접 CD를 집어넣고 뺄 수 있도록 지도하는 것도 방법이다. 영어 듣기가 습관화 될 때까지 아이에게 다양한 보상을 해주어 흥미가 떨어지지 않게 해주는 것도 중

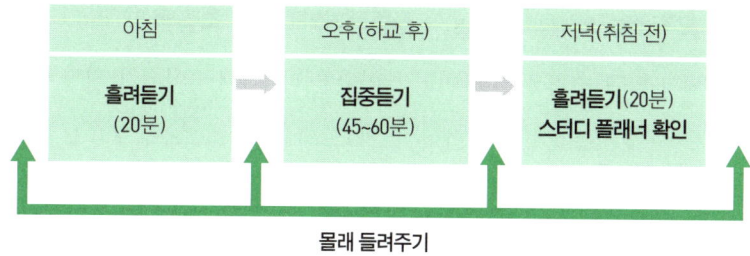

요하다. 아침에 일어날 때, 아이가 놀이할 때, 차로 이동할 때, 그리고 취침 전 시간을 이용해 최대한 '몰래 들려주기'를 해주어라.

1) 아침(기상 전후, 약 20분) – 흘려듣기

아침에는 이미 배운 내용(=이해 가능한 입력)을 들려준다. 가깝게는 어제 배운 내용을, 그리고 지난 주, 지난 달 배운 내용 중에서 들려주면 된다. 학교 갈 준비를 하는 시간에 자연스럽게 CD를 들려주되 내용을 확인하거나 책을 다시 볼 것을 강요해서는 안 된다.

어제 배운 내용을 들려주고 난 뒤에는 예전에 배운 CD 가운데 선택하여 들려주되 아이가 다음 대사를 거의 알고 있는 경우에는 점점 횟수를 줄여나간다. 중요한 것은, 이 시간이 즐거워야 한다는 것이다. 다시 말해 아이가 지금 공부하고 있다는 생각을 갖지 않도록 해야 한다. 아이가 음원을 따라할 때는 크게 칭찬해 주거나 다른 보상을 해주면 좋다. 아이가 그냥 듣는 것보다는, 듣고 따라하면 아웃풋 능력이 좋아지기 때문에, 소리내어 따라하도록 자연스럽게 유도하자.

2) 오후(하교 후, 대략 45~50분) - 집중듣기와 아웃풋 학습법

아이가 학교 수업을 막 마치고 돌아왔을 때, 이때가 아이가 집에 있는 시간 중 가장 집중력이 높을 때다. 시간이 지나면서 피곤해하거나 놀고 싶어 하므로 이 시간을 잘 활용하는 것이 좋다.

이때는 그날 해야 할 분량을 공부하면 된다. 오랜 시간 집중하기가 힘들므로 새로운 것을 학습하는 시간은 30분 이내로 한다. CD를 충분히 듣고 따라하며 새로 배운 단어와 문장은 따로 정리한다. 정리한 내용은 10분 정도 더 반복하고, 학습이 끝나기 5분 전 책을 덮고 오늘 공부한 내용을 기억해서 말하거나 쓰면서 아웃풋 학습을 하도록 한다. 이때 잘 기억나지 않는 것은 스터디 플래너에 기록하도록 한다. 유독 외워지지 않는 단어나 어려운 문장 등을 스터디 플래너에 써놓고, 자주 반복하다 보면 더 쉽게 암기할 수 있기 때문이다.

3) 저녁(저녁 식사 후 아이가 놀 때 또는 잠들기 전, 약 20분) - 흘려듣기

오늘 배운 내용에 자연스럽게 노출되도록 흘려듣기를 하며 스터디 플래너에 기록한 내용을 확인하는 시간이다. 초반에는 아이와 함께 확인하며 플래너 쓰는 습관이 잘 잡히도록 도와주자. 아이의 수준이 올라가면 스터디 플래너에 적힌 내용을 발표하게 하는 것도 기억력을 향상시키는 좋은 방법이다. 오늘 목표한 공부가 생각보다 일찍 끝났다면 내일 공부할 부분을 미리 들려주어 호기심을 유발하면 좋다. 아침 시간과 마찬가지로 저녁 시간에도 아이가 공부처럼 느끼지 않고 즐거워하도록 잘 이끌어주자.

4) 주말 활용하기

주말에는 아이가 평소에 듣고 싶어 했던 음원 위주로 자연스럽게 들려준다. 엄마의 코칭 능력은 아이가 공부한다는 생각을 최대한 갖지 않도록 흥미로운 음원을 무의식적으로 듣고 말할 수 있게 유도하는 것이다. 특히 주말에는 더더욱 그렇다. 유튜브나 넷플릭스를 통해 관심 있어 하는 영상을 보여주는 것도 좋다.

오랜 시간 아이들을 지도하고 쌍둥이를 가르치면서 이렇게 하루를 3등분하여 공부하는 방식이 얼마나 효율적인지 깨달았다. 언어 학습에서 가장 중요한 것은 반복이고, 궁극적으로는 기억하는 것이다. 이 말은 곧 학습한 것을 잊어버리면 아무 소용이 없다는 말이다. 우리 집 쌍둥이는 그날 배운 내용을 여러 번 반복하면서 학습 기간 대비 많은 문장들을 익혔고, 덕분에 영어 실력도 매우 빠르게 향상되었다. 아이들은 오후에만 공부한다고 생각해서인지 영어에 대한 스트레스도 없었고, 영어 실력이 좋아지니 자신감도 갖게 되었다.

현재 엄마표 영어의 방식처럼 잘 모르는 내용과 새로운 내용을 계속해서 입력하는 것은 EFL 환경에서는 큰 효과를 보기 힘들다. 학습한 내용을 많이 접해야 머릿속에 입력이 되는데, 학습 시간을 제외한 일상생활에서는 배운 내용을 마주치기가 쉽지 않기 때문이다. 따라서 엄마는 전략적으로 아이들이 배운 내용을 자주, 그리고 지속적으로 만나게 할 방법을 찾아주어야 한다. 그런 시간이 하루하루 쌓이다 보면 어느 순간 아이들이 말하고 쓸 수 있는 단어와 문장들이 폭발적으로 증가하는 순간을 맞이할 것이다. 아이들에게 배운 내용을 반복적으로 노출해 주는 것, 그것이 바로 시간의 마법이다.

 엄마표 영어에 '코칭' 더하기

하루를 3일처럼, 시간에 마법을 더하라

1. 초등 저학년 때 영어에 몰입해서 공부할 수 있는 '영어 집중의 해㊉'를 만들어 주어라. 집중한 시간만큼 아이의 영어 실력이 빠르게 늘어난다.
2. 언어를 빠르고 정확하게 익히기 위해 가장 중요한 것은 '반복'이다. 아무리 많은 지식을 주입해도 반복하지 않으면 대부분 다음에 기억하지 못한다. 반복 효과를 높이기 위해서는 하루를 3등분하고 몰래듣기를 통해 아이가 배운 내용이 최대한 반복적으로 노출되도록 한다.

04
우리 아이 영어 영재 만드는 언어의 기술

아이는 부모와의
상호 작용을 통해 성장한다

아이를 키우는 것은 참으로 어렵고 힘든 일이다. 정답이 없고, 적당한 게 어느 정도인지 모르기 때문이다. 사랑만 주면 버릇이 나빠지고, 엄격하게 대하면 주눅이 든다. 길고 긴 여정이라서 더 힘들다. 아이가 어렸을 때는 몸이 힘들지만 아이가 커가면서는 마음이 힘들다. 아이의 교우 관계, 학교생활, 사춘기 걱정은 물론 신경 써야 할 일들이 끊이지 않는다. 게다가 아이는 마치 거울처럼 부모의 영향을 그대로 받는다. 어떻게 내 모습을 그대로 따라하는지, 내가 하는 말과 사소한 행동 하나하나까지 영향을 받는게 신기하면서도 아이는 부모와의 상호 작용을 통해 성장한다는 말을 새삼 느끼곤 한다.

영어도 마찬가지다. 엄마와 영어를 시작한 이상 아이가 가장 영향을 받는 것은 부모다. 엄마와의 상호 작용을 통해 아이의 영어가 크게 성장할 수도 있고 제자리에 머물 수도 있다.

지금부터는 엄마표 코칭 영어 학습에 도움이 되는 '상호 작용 기술'을 살펴볼 것이다. 앞으로 이야기할 내용들은 쉬운 것 같아 보이지만 막상 하려고 하면 잘 안 되는 것들이다. 기술이라는 단어를 붙인 것도 이 때문이다. 기술은 배우고 연습해야 실행할 수 있다. 앞으로 소개할 내용들은 잘 갈고 닦아야 실행할 수 있는 '기술'이다.

기술 1.
영어에 대해 긍정적인 언어 사용하기

"저는 영어 울렁증이 심해요."

"저는 영어를 좋아하지 않지만 우리 아이는 잘했으면 좋겠어요."

상담을 하다 보면 아이 앞에서 아무렇지 않게 '영어 울렁증'이라는 표현을 쓰는 부모들이 생각보다 많아서 놀라곤 한다. 솔직한 심정은 이해하지만 '엄마가 싫어하는 영어'에 대해 아이들이 어떤 감정을 가질지 생각해 봐야 한다. 특히 어린 아이일수록 부모의 감정에 의존하여 사물을 판단하는 경향이 강하기 때문에 이런 부정적인 표현은 영어 거부감으로 이어질 가능성이 크다. 따라서 부모님들은 최대한 아이에게 영어에 대한 '긍정적인 인상'을 심어주어야 한다.

"엄마는 영어 잘하는 사람 보면 정말 멋지더라."

"영어를 잘하면 외국인 친구도 사귈 수 있고, 너의 능력을 전 세계에 보여줄 수도 있어."

"지난번에 본 그 영어책 정말 재밌더라."

"영어 공부 재미있지? 엄마도 ○○이 덕분에 이렇게 같이 공부하게 돼서 참 좋아."

조금은 과장되어 보이는 이런 표현이 아이들에게 영어에 대한 긍정적인 인상을 심어주고, 아이로 하여금 무의식적으로 '영어는 재미있고 멋진 것'이라는 생각을 하게 만든다. 부모가 먼저 영어에 대해 긍정적인 감정을 드러내야 아이도 자연스럽게 영어를 '하고 싶고, 잘하고 싶은 것'으로 생각한다는 것을 잊지 말자.

기술 2.
잘 들어주고 진심으로 반응하기

이 말은 아이의 학습에 진심으로 관심을 가져야 한다는 의미다. 엄마와 영어를 진행하며 아이가 영어에 흥미를 느끼기 시작했을 때 이후 학습 효과를 좌우하는 것은 엄마의 '적극적인 반응'이다. 사실 이것은 모든 부모님들이 가장 잘할 수 있는 기술인 동시에 가장 못하는 기술이기도 하다.

영어 공부를 할 때 대부분의 아이들은 자기 방에 들어가 혼자 공부한다. 같은 시간, 부모님들은 거실이나 방에서 책을 보거나 다른 일을 한다. 아이의 공부에는 관심이 많지만 정작 내 아이가 '무슨 공부를 어떻게 얼마나 하고 있는지'에 대해서는 모르는 것이다. 아이와의 자연스러운 대화를 위한 기초는 아이에게 관심을 가지고 아이의 말을 잘 들어주는 것이다. 아이가 어릴수록 부모에게 하고 싶은 말도 많고 표현하고 싶은 것도 많다. 그런데 정작 부모는 아이의 말을 무시하거나 힐끗힐끗 쳐다보면서 "잘했어" 정도의 반응만 보이는 경우가 많다. "오늘 무슨 공부했어?"라고 확인만 할 것이 아니라 아이의 눈을 바라보면서 아이가 하는 말을 진심으로 들어주자. 아이가 좋아하는 활동을 함께하며 '엄마는 지금 너에게 푹 빠져 있단다'라는 감정을 느끼게 해주자. 이렇게 하면 아이는 자신이 가진 능력을 더 많이 보여주기 위해 노력할 것이다. 이런 노력이 아이의 영어 잠재력을 더 많이 이끌어내는 것은 두말 할 것도 없다.

기술 3.
아이가 영어를 쓰도록 유도하기

엄마표 영어를 하는 많은 부모들이 자신도 영어 공부를 한다. 아이에게 하나라도 더 가르치고, 조금이라도 아이를 돕기 위해서다. 하지만 엄마의 가르침만으로는 한계가 있다. 특히 엄마는 전문가가 아니다 보니 본의 아니게 잘못된 정보를 전달할 수도 있다. 나는 엄마가 영어를 공부해서 아이에게 더 많은 것을 가르치는 것보다 아이와 충분한 대화를 하고 원활한 상호 작용을 통해 아이가 배운 것을 극대화할 수 있도록 돕는 것이 엄마의 진정한 역할이라고 생각한다. 이 말은 곧 자연스러운 아웃풋을 이끌어내라는 의미다. 구체적으로는 아이의 생각을 정리하는 대화와 배운 영어를 일상에서 사용할 수 있도록 이끄는 대화로 나눌 수 있다.

• **아이의 생각을 정리하는 대화**

언젠가 한 TV 프로그램에서 아이의 지식을 보관하는 머릿속을 '옷장'에 비유하는 것을 본 적이 있다. 옷을 넣는 것은 공부이고, 옷을 꺼내는 것은 시험을 보는 것이었다. 부모는 아이를 위해 많은 옷을 사준다. 아이도 열심히 옷을 입고, 옷장에 넣는다. 하지만 정작 중요한 순간에 아이는 자신에게 필요한 옷을 찾아 입지 못한다. 이 모습을 보며 부모는 '우리 아이는 머리가 나쁘구나'라고 생각해 아이를 포기한다는 것이었다.

시간이 지날수록 아이의 옷이 많아지고 옷장이 복잡해지는 것은 당연하다. 처음부터 잘 정리해 두면 필요할 때 어울리는 옷을 찾아 입기가 쉽지만 그렇지 못한 경우는 옷을 찾느라 한참을 헤맬 것이고, 찾지 못할 수도 있다. 결국 옷장(머릿속)을 잘 정리해 두면 지식들이 잘 연결되어 공부를 잘할 수 있다는 것이 핵심 내용이었다. 하지만 대부분의 부모들은 아이가 옷을 찾아오는 데만 관심을 두지 아이의 옷장이 어떻게 정리되어 있는지는 관심이 없다.

옷장을 잘 정리하는 비법 중 하나는 '설명하게 하는 공부법'이다. 아이가 배운 것을 설명하는 과정에서 자연스럽게 자신이 아는 것과 모르는 것이 구분되기 때문이다. 이것이 바로 '생각의 정리'다.

• **배운 영어를 일상생활에서 사용하게 하는 대화**

안타깝게도 한국식 영어는 주입식·암기식으로 이루어지고 있다. 언어를 배우는 목표가 다른 사람과의 소통이라고 했을 때 이런 방식은 한계가 있다. 기존의 엄마표 영어처럼 책을 읽고, 많이 듣고, 많이 따라하는 공부법으로는 영어 단어와 문장만 쌓일 뿐이다. 머리에 쌓이기만 할 뿐 제대로 정리되어 있지 않으니 정작 필요할 때 꺼내 쓰기가 힘들다. 아이가 필요한 순간에 정확하고 빠르게 꺼내 쓰게 하고 싶지만 현실적으로 힘든 것도 사실이다. 따라서 부모는 아이가 배운 것을 최대한 꺼내 쓸 수 있도록 도와주어야 한다. 방법은 간단하다. 대화를 통해 아이가 학습한 영어를 말할 수 있는 기회를 만들어주면 된다. 아이가 영어를 쓰는 데 익숙하지 않거나 불안해한다면 영어와 한국어를 섞어 써도 괜찮다. 아이가 모국어를 하듯 습관적으로 영어를 일상에서 사용할 수 있도록 기회를 만드는 데 집중하자.

예시1) 자연스럽게 대화 이끌어내기

"아까 배운 그 내용이 뭐야?"

"어려워하는 단어가 있던데……. 뭐였더라?"

예시2) 기존에 배운 비슷한 표현 연결시키기

"아, 그럴 때는 그런 표현을 쓰는 거구나."

"그 표현과 비슷한 표현은 없을까?"

"지난번에 비슷한 내용을 배웠던 것 같은데."

대부분의 부모들은 아이와 영어로 대화할 때 본인도 영어를 써야 한다는 부담감을 갖고 있다. 연구에 따르면, 영어를 못하는 부모가 영어를 사용하는 것은 아이의 실력 향상에 오히려 방해가 될 수 있다고 한다. 그러니 부담 가질 필요가 전혀 없다. 부모는 표현하기 쉬운 한국어로 말하면서 아이가 학습한 내용을 최대한 영어로 표현할 수 있도록 이끌어주는 역할만 하면 된다.

기술 4.
엄마가 아닌 아이 스스로 이끌게 하기

공부를 하다가 모르는 것이 나왔을 때 아이들은 습관적으로 선생님께 물어보거나 엄마에게 묻어본다. 아이가 이런 식으로 모르는 것을 확인하고 넘어가는 것은 매우 바람직하다. 하지만 장기적인 관점에서 볼 때 아이 스스로 질문에 대한 답을 찾도록 이끌어주는 것이 현명하다.

나는 쌍둥이가 모르는 단어를 물어볼 때 직접 답을 알려주기보다 함께 사전을 찾아보거나 인터넷 검색을 통해 답을 찾는 편이다. 아이 스스로 답을 찾게 하면 혼자 공부하는 힘을 키울 수 있을 뿐만 아니라 아이가 심리적으로 부모에게 의존하는 마음도 줄일 수 있다. 처음에는 아이와 함께 찾아보면서 모르는 단어나 의미를 찾는 방법을 알려준다. 그리고 아이가 어느 정도 찾는 방법을 익히고 난 뒤에는 아이에게 미션을 준다.

"○○이가 찾아보고 엄마에게도 알려줄래?"

스스로 찾는 노력을 한 만큼 아이는 그 내용을 더 오래 기억한다. 또한 엄마에게 설명하는 과정을 거치면서 모르는 것에 대해 다시 한번 말할 수 있는 기회를 갖는다.

아이가 잘 모르고 넘어가는 부분에 대해서는 부모가 먼저 인지하고 질문을 하는 것이 좋다. 어린 아이일수록 자신이 아는 것과 모르는 것을 정확하게 구분하지 못한다. 가끔 질문을 던져 아이가 정말로 알고 있는지 확인하는 것이 좋다. 이때도 아이가 모르는 것을 일깨워줄 뿐 답은 아이 스스로 찾게 이끌어 주자. 이 과정이 잘 이루어질 때 공부가 즐겁고 재미있어진다.

지금까지 아이의 생각을 정리하고 최대한의 아웃풋을 이끌어낼 수 있는 '상호 작용 기술'에 대해 살펴보았다. 이제 플러스 코칭을 통해 상호 작용 기술의 핵심이라 할 수 있는 '칭찬의 기술'에 대해 자세히 살펴보자.

엄마표 영어에 '코칭' 더하기

우리 아이 영어 영재 만드는 언어의 기술

1. 영어 울렁증이라는 말은 그만! 영어에 대해 부모가 먼저 긍정적인 언어를 사용하라.
2. 아이의 말과 행동, 공부에 진심으로 관심을 갖고 반응하라. 아이들은 부모의 관심으로 성장한다.
3. 일상에서 학습된 영어를 최대한 사용할 수 있도록 대화로 유도하라. 부모님이 꼭 영어를 사용할 필요는 없다.
4. 결국 공부는 아이의 것이다. 찾아주기보다는 아이 스스로 답을 찾을 수 있도록 유도하라.

+ 플러스 코칭

초등학생이 많이 사용하는 주요 교재와 출판사

1) Let's Go

옥스퍼드 대학교 출판부(https://elt.oup.com)에서 나온 어린이 코스북 교재다. ⟨Let's Begin⟩ 2단계와 ⟨Let's Go⟩ 6단계의 총 8단계로 구성되어 있다. ⟨Let's Begin⟩ 단계는 알파벳 소리부터 학습할 수 있도록 구성되어 있으므로 파닉스 공부를 끝낸 아이들은 ⟨Let's Go⟩ 1단계부터 시작하면 된다. 애니메이션으로 꾸민 대화, 노래와 챈트로 영어 말하기, 듣기 학습에 적합하다. 다양한 캐릭터가 등장하는 만큼 아이들이 좋아하며, 처음 영어를 시작하는 아이들이 부담 없이 듣고 따라하기 좋다. 간단한 파닉스도 있어 처음 시작하는 아이들도 부담 없이 공부할 수 있다. 해당 사이트에 가면 비디오와 게임, 워크시트를 무료로 다운 받을 수 있으며, 체계화된 문장의 확장으로 문장을 외우면서 문장의 구조(문법)를 자연스럽게 익히기 좋다.

2) 미국교과서 읽는 리딩

길벗스쿨(www.englishbus.co.kr)에서는 교재 내비게이션을 통해 추천 교재를 알려준다. 또한 영어 레벨의 기준인 렉사일 지수를 표시해 주기 때문에 레벨에 따른 교재 선택이 비교적 쉽다. ⟨미국교과서 읽는 리딩⟩의 장점은 미국교과 과정에 있는 다양한 과목별 주제들을 공부할 수 있다는 점이다. 원어민 강의를 제공(유료)하고 있어서 학습 후 원어민 강의를 들을 수 있기 때문에 유학이나 스쿨링을 준비하는 학생들에게 좋다. 교재의 난이도가 높아지면서 주제 자체가 변하는 것이 아니라 내용이 세분화되기 때문에 단계별로 공부하면 내용 확장과 더불어 복습의 효과도 볼 수 있다.

3) 브릭스 리딩

〈브릭스 리딩〉은 한국 초등학교 학습자들이 보편적으로 사용하고 있는 교재 가운데 하나다. 브릭스 사이트(www.ebricks.co.kr)에서 무료 레벨 테스트가 가능하므로 테스트를 해보고 결과에 근거하여 교재를 구입할 수 있다. 수준과 연령에 따른 북맵Book Map, 커리큘럼, 수업에 활용할 수 있는 추가 자료들을 제공하기 때문에 선생님과 부모님들에게 인기가 많다. 비교적 쉽게 접근할 수 있는 내용으로 구성되어 있어 학습자의 만족도도 높은 편이다. 게다가 낮은 레벨은 스토리 형식으로 구성되어 있어 어렵지 않게 접근할 수 있다.

레벨이 높아지면서 픽션과 논픽션이 섞이는데, 단계별로 진행한다면 다양한 지문을 통해 리딩 실력을 기를 수 있다. 다만 브릭스 리딩 교재의 경우 같은 한 레벨에도 다양한 교재가 있어서 같은 레벨의 교재를 다 학습하려 하다 보면 지칠 수 있다. 아이가 어느 정도 실력이 쌓인 뒤에는 다음 단계로 넘어갈 수 있도록 하자.

4) A*List

A*List는 영어 연극 시리즈부터 파닉스, 문법, 읽기, 독해까지 레벨별로 다양하게 구성되어 있다. 해당 사이트(www.alist.co.kr)에 가면 미리보기를 통해 교재의 전반적인 내용을 볼 수 있으며, 미리듣기를 통해 정확한 레벨의 책을 찾을 수 있다. 공부할 때 필요한 여러 가지 부가적인 서비스도 제공하고 있어서 엄마표 영어를 진행하기에 좋다. 책 속의 캐릭터나 구성이 재미있고 흥미로워서 학생들이 특히 좋아하는 교재가 많이 있다.

5) Compass Publishing

미국 Compass Publishing(www.compasspub.com)는 다양하고 좋은 ELT 교재들을 초급부터 성인 단계까지 레벨별로 잘 구성해 놓았다. 최근에는 교재에 적합한 부가 자료뿐만 아니라 학습 어플리케이션 등의 서비스도 제공하고 있다. 그중 일부는 교재 소개와 활용법을 동영상으로 업데이트해 놓았으니 참조해 보자.

+ 플러스 코칭

과하지 않게, 인색하지 않게
올바른 칭찬의 기술

"지속적인 칭찬은 항상 성공할 것이라는 자만심을 키워주고 쉽게 포기하게 만듭니다. 아이들의 행동에 대한 의견과 존중, 미래에 더 잘할 수 있는 방향을 제시해주는 것이 좋습니다."
_워싱턴대학교 신경정신과 로버트 클로닌저 박사

"'노력'을 강조하면 아이들은 자신의 힘으로 성공을 이룰 수 있을 것이라고 생각합니다. 하지만 '지적 능력'에 대해서 칭찬하면 자신이 어쩔 수 없는 부분이라고 생각하기 때문에 칭찬이 오히려 역효과를 가져오는 경우도 있습니다."
_스탠퍼드대학교 심리학과 캐롤 드웩 교수

부모님들은 칭찬이 얼마나 중요한지 이미 잘 알고 있다. 바른 칭찬은 아이의 지능과 정서 발달에 도움이 되고 자존감을 높여주며 새로운 것에 도전할 힘을 갖게 해준다. 하지만 많은 부모들이 칭찬을 어떻게 해야 하는지, 즉 칭찬의 방법에 대해서는 잘 모르고 있다. 바른 칭찬은 아이를 키우지만 잘못된 칭찬은 아이를 아프게 할 수 있고, 역효과를 가져올 수도 있다.

칭찬에도 기술이 있다. 너무 과해도 좋지 않고 인색해도 좋지 않다. 올바른 칭찬의 기술을 함께 살펴보자.

첫째, 칭찬을 서서히 줄여라

아이의 영어 공부 초기, 부모님 눈에는 아이가 영어를 하는 것 자체가 그저 신기하다. 이때 대부분의 부모들은 '대단하다', '발음이 좋다', '꽤 잘하는데' 하면서 칭찬을 아끼지 않는다.

처음 영어를 시작할 때는 이런 적극적인 칭찬이 동기 부여에 도움이 된다. 하지만, 아이가 어느 정도 학습에 적응한 뒤에는 칭찬을 서서히 줄여야 한다. 과도한 칭찬은 아이를 '칭찬 중독'에 빠지게 하거나 기존의 칭찬만으로는 만족을 못해 강도를 점점 높여야 하는 상황이 발생할 수 있기 때문이다. 칭찬 중독에 빠진 아이는 칭찬 없이는 스스로 공부하려 하지 않는다. 심지어 칭찬 받기 위해 공부하는 아이도 있다. 무조건적인 칭찬이 꼭 좋은 것만은 아님을 기억하라.

둘째, 결과가 아닌 '노력의 과정'을 칭찬하라

결과를 중요시 하는 국내 환경에서 결과가 아닌 과정을 칭찬하는 모습은 익숙하지 않다. 하지만 결과에 대한 칭찬을 받을 경우 아이가 결과에만 집중해 좋은 결과를 내기 위한 단기적인 공부에만 집중할 우려가 있다.

언어는 특성상 오랫동안 꾸준히 공부하는 것이 중요하다. 그렇기 때문에 결과를 칭찬하게 되면 한 단계 한 단계 성취해 나가는 과정을 즐기기가 힘들다. 아이의 노력이 헛되지 않았음을 부모가 알아주는 것이 진정한 칭찬이다. 노력을 칭찬받은 아이는 시간이 지날수록 더 발전하는 경향을 보이는데, 이를 '성장형 마인드 셋'이라고 한다. 아이가 성장형 마인드 셋을 가지고 행복하게 공부할 수 있도록 도와주자.

셋째, 애정을 담아 구체적으로 칭찬하라

아이들은 본능적으로 칭찬을 갈구한다. 하지만 부모의 영혼 없는 칭찬은 득보다 독이 많다. 아이가 영어를 잘하지 못하거나 연습하는 과정에서 제대로 듣지도 않고 "정말 잘하네. 엄마는 네가 외국인인 줄 알았어"라는 식의 진심은 없고 과장만 있는 칭찬은 오히려 아이에게 열등감만 실어준다. "어제보다 목소리가 조금 더 커졌네"라거나 "오늘은 CD를 조금 더 잘 따라하던데……"처럼 구체적인 칭찬이 아이의 마음을 신나게 한다.

진심 어린 칭찬으로 아이의 마음을 신나게 만들기 위해서는 아이의 말과 행동을 잘 관찰하고 아이와 함께하는 시간을 늘려야 한다. 칭찬이 주는 역효과를 정확히 인지하고 있어야 엄마가 아이의 훌륭한 조력자가 될 수 있다. 부모의 말과 행동이 아이의 능력을 최대치로 이끌어낼 수 있음을 잊지 마라.

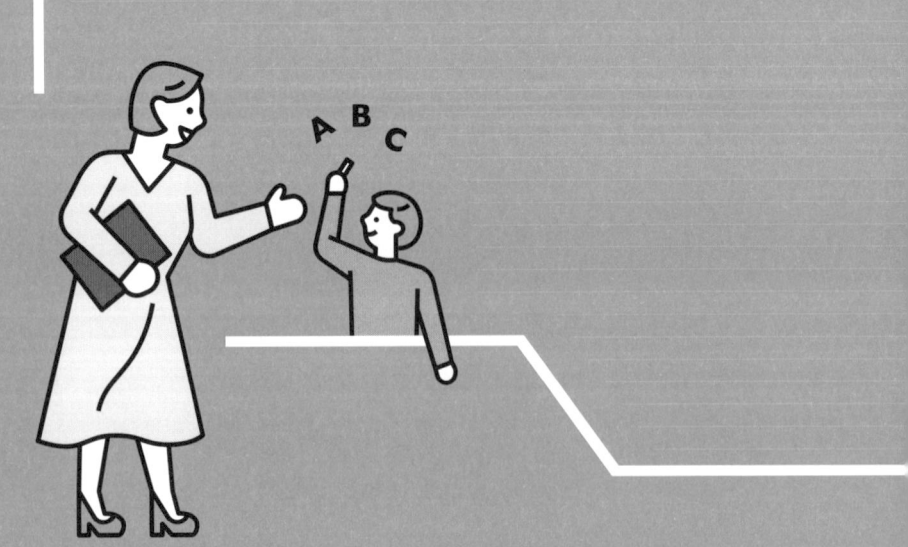

6장

엄마표 코칭 영어, 액션 플랜

준비
READY

'영어를 공부하는 아이'에서 '영어로 공부하는 아이'로

지금까지 엄마표 코칭 영어의 모든 이론과 방법을 살펴보았다. 이번 장에서는 지금까지 이야기한 것을 기반으로 엄마표 코칭 영어의 액션 플랜, 즉 실행 계획을 제시하려고 한다. 액션 플랜은 크게 준비READY-계획SET-실행GO으로 나눌 수 있다. 내가 우리 아이들을 가르치면서 실제로 실행한 방법과 현장에서 아이들을 가르치면서 효율적이라고 생각한 방법들이다. 그리고 실질적인 도움을 주기 위해 실행의 각 단계에는 참고할 수 있는 영어 교재를 적어놓았다. 미리 밝히건대, 이것은 정말 '참고용'일 뿐이다. 무엇보다도 자신의 아이에게 맞는 교재를 선택하는 것이 가장 중요하다. 본 단계를 모두 마치고 7단계, 즉 미국 초등학생 기준 6학년 수준이 된다면 아이 스스로 영어 자료를 찾고 책을 읽으며 원하는 공부를 할 수 있을 것이다. 부디 엄마표 코칭 영어를 통해 '영어를 공부하는 아이'에서 '영어로 공부하는 아이'로 성장하길 기대한다.

그럼 지금부터 엄마표 코칭 영어 액션 플랜의 첫 단계인 '준비READY'를 설명할 것이다. 앞에서 배운 내용들을 다시 한번 되새기며 아이와 함께 다음의 세 가지를 준비하면 된다.

① 아이와 학습 동기 세우기
② 아이의 학습 성향 파악하기
③ 아이에게 아웃풋 스터디 플래너 설명해 주기

앞의 내용이 잘 떠오르지 않는다면 하단의 체크리스트를 참조하여 핵심 내용을 다시 한번 확인해 보자. 엄마가 아이의 좋은 코치가 되어줄 준비가 되어야만 다음 단계로 넘어갈 수 있다.

〈체크리스트〉

☐ **모국어의 중요성**
영어는 결코 모국어를 뛰어넘을 수 없다(3-1 참조).

☐ **아이와 영어를 공부하는 학습 동기 세우기**
모든 것을 다 이기는 비결, 학습 동기(3-2 참조).

□ 아이의 학습 성향 파악하기

아이들 성향은 모두 다르지만 구분 지을 수 있다(3-4 참조).

□ 인풋 & 아웃풋 학습법 정확히 이해하기

아웃풋과 인풋이 함께 이루어질 때 시너지가 발생한다(4-1, 4-2, 4-3, 4-4 참조).

□ 교재 선택 및 교재 진행 방법 이해하기

내 아이 영어 실력 높여주는 교재 선택 및 진행 방법(5-1 참조)

□ 엄마표 코칭 영어 스터디 플래너 및 시간 활용법 익히기

자기 주도 학습을 이끄는 아웃풋 스터디 플래너, 하루를 3일처럼 만드는 기적의 시간 활용법(5-2, 5-3 참조)

□ 학습 효과 극대화를 위한 대화와 칭찬의 기술 익히기

우리 아이 영어 영재 만드는 대화의 기술 & 칭찬 방법(5-4, 플러스 코칭 참조)

02
계획
SET

메인 교재와
보조 교재 선택하기

준비를 끝냈으면 이제 계획 단계로 들어간다. 여기서는 교재를 선택하고 하루 중 영어를 공부하는 시간을 정하고, 교재의 하루 진도량을 배분하는 과정이 진행된다. 먼저 아이의 AR 지수와 렉사일 지수를 참고하여 메인 교재와 보조 교재 그리고 함께 읽을 책을 선택한다. 메인 교재를 중심으로 공부하되 필요에 따라 보조 교재를 선택적으로 활용할 수 있다. 보조 교재가 마음에 든다면 보조 교재를 메인 교재로 사용해도 좋다. 메인 교재는 아이가 지문을 쉽게 외울 수 있는 것을 임의로 분류한 것일 뿐 더 좋은 교재라는 의미는 아니다.

책읽기는 공부가 아니라 '즐거운' 것이어야 한다. 교재로 공부하는 것이

체계적으로 학습하는 데는 효율적이지만 아이가 교재로 공부하는 것을 즐거워하지 않는다면 아이의 관심 분야나 레벨에 맞는 영상, 그 외 다른 자료를 선택하는 것도 방법이다(3-2 학습 동기 참조).

하루 중 영어 공부 시간과 공부량 계획하기

일단 일정한 시간에 공부할 수 있도록 영어 시간을 따로 배분하는 것이 좋다. 이렇게 정해진 시간에 공부하면 꾸준히 공부하는 습관이 생길 뿐만 아니라 다른 공부 때문에 영어 공부를 하지 못하는 상황이 발생하지 않는다. 예를 들면 아침 8시부터 8시 20분까지는 흘려듣기, 학교에 다녀와서 2시부터 3시까지는 집중듣기(교재), 저녁 8시부터 8시 20분까지는 흘려듣기 및 스터디 플래너 확인. 이런 식으로 시간을 분명하게 구분하는 것이 좋다. 이렇게 하면 딱 그 시간만 집중해서 아이에게 신경 쓰면 되기 때문에 엄마 입장에서도 수월하고, 아이도 스트레스를 덜 받으며 공부할 수 있다.

교재의 하루 진도 배분하기

하루 동안 진행할 교재의 진도는 아이가 학교에 다녀와서 '집중듣기 할 때 공부할 수 있는 양'을 기준으로 배분해야 한다. 즉 처음에 아이가 할 수 있는 양(40분 정도 공부하고 5분은 공부한 것을 확인하는 아웃풋 시간)을 체크하여 그 시간만큼 배분하는 것이 좋다. 가능하지 않은 계획은 오히려 독이 되므로 처음부터 무리하게 계획을 짜서는 안 된다. 내 경우 쌍둥이들과 처음 공부를 시작할 때 메인 교재 20분 듣고 따라하기, 피닉스 방송 20분 보기, 마지막 5분간 오늘 공부한 것 확인하기 순서로 진행했다. 아이의 실력이 좋아지고 레벨이 높아질수록 조금씩 공부 시간과 진도를 늘려가면 된다.

03

실행
GO

엄마표 코칭
영어 7단계 미리보기

이제, 본격적으로 영어를 공부할 시간이다. 나는 엄마표 코칭 영어의 실행을 총 7단계로 나눴다. 현재 제공되고 있는 렉사일 지수와 AR 지수는 측정 시기나 기관에 따라 조금씩 차이가 있어 내 경험과 기존의 자료를 바탕으로 재구성했으며, 단계마다 교재를 적어 놓았다. 예를 들면 아이들의 경우 그림이 없거나 주제가 어렵거나 미국 교과서를 바탕으로 한 교재는 어려워하는 경향이 있다. 그래서 엄마표 코칭 영어 단계에서는 책에 표기된 렉사일 지수보다 높은 단계에 배치하였다.

먼저 아이의 실력에 따라 각 단계에 제시되거나 비슷한 수준의 메인 교재를 2~4개 정도 선택한다. 아이가 어려워하는 단계에서는 메인 교재와

엄마표 코칭 영어 7단계

엄마표 코칭 영어	미국 학년	AR 지수	렉사일 지수	교재
1단계 (영어와 친해지기)	Preschool	1.1~1.5	0~200L	메인 교재 + 보조 교재
2단계 (영어 알아가기)	1	1.5~2.7	200L~500L	메인 교재 필수 (보조 교재 선택)
3단계 (영어 도전하기)	2	2.6~3.5	470L~620L	메인 교재 + 보조 교재
4단계 (영어에 자신감 갖기)	3	3.2~4.9	590L~790L	
5단계 (영어 실력 확장)	4	4.0~6.2	695L~910L	메인 교재 필수 (보조 교재 선택) + 원서 다독
6단계 (영어 심화 과정)	5	5.0~7.0	805L~980L	
7단계 (영어 자기 주도 학습)	6	6.0~8.1	900L~1040L	관심 분야에 따른 선택 + 원서 다독

보조 교재를 추가로 더 진행해도 된다. 아이가 선택한 메인 교재의 내용을 거의 다 암기하면 다음 단계로 넘어가도 좋다. 그리고 모든 교재는 단계별로 최소 두 번 이상은 반복적으로 진행한다. 아이가 첫 번째 교재를 끝내고 두 번째 교재를 시작했어도 첫 번째 교재의 복습을 잊어서는 안 된다. 워크북이 있다면 워크북으로, 없다면 교재 사이트의 다양한 부가 자료를 활용하면 된다. 다양한 교재를 학습하는 것도 중요하지만 하나의 교재를 반복해서 공부하는 것이 기본 실력을 탄탄히 하고 문장과 단어를 확실히 습득하는 데 도움이 된다. 단계별 세부 과정은 다음과 같다.

엄마표 코칭 영어
1단계

엄마표 코칭 영어	미국 학년	AR 지수	렉사일 지수
1단계 (영어와 친해지기)	Preschool	1.1~1.5	0~200L

영어를 처음 시작할 때 가장 보편적으로 공부하는 것이 파닉스Phonics이다. 파닉스는 소리와 철자를 통해 언어를 이해하는 학습법으로, 처음 영어를 배우거나 언어 감각이 부족한 아이들의 영어 읽기에 도움이 된다. 하지만 8세 이후에 영어를 시작하는 아이라면 메인 교재를 중심으로 파닉스를 부수적으로 할 것을 추천한다. 파닉스만 집중적으로 하다 보면 아이가 영어를 시작하기도 전에 지칠 수 있고, 발음이 파닉스대로 나지 않는 예외 현상에 대해 이해하는 것을 힘들어한다. 게다가 같은 영어권이라 해도 국가별로 발음이 다르기 때문에 기본만 짚고 넘어가도 된다.

파닉스는 여러 권으로 나누어진 책으로 공부해도 좋지만 9세 이후에 하는 아이라면 파닉스가 간단히 정리되어 있는 한 권의 책을 두세 번 반복해서 보게 하는 것이 좋다. 참고로 아이가 영어 읽기를 어려워한다면 '사이트 워드'를 함께 학습해도 좋다. 사이트 워드는 어린이 책에 등장하는 빈도가 높은 단어들로, 보기만 해도 뜻이나 단어가 생각나는 단어를 말한다. 사이트 워드는 파닉스 규칙을 적용하기 힘든 단어들로 구성되어 있기 때문에 파닉스 규칙에서 벗어나는 단어를 익히는 데 효과적이다.

▶ 1단계 교재 선정 팁

메인 교재

- 문장 길이가 짧은 기초 문장 교재 또는 일상생활에서 쓰는 기본 표현으로 이루어진 교재
- 교재 예시
  - Ready, Action Starter 시리즈(A*List)
  - 튼튼영어 주니어
  - 오톡영어
  - Super Easy Reading 1/2/3(Compass Publishing)

보조 교재

- 시중에 나와 있는 파닉스 교재 중 선택
- 교재 예시
  - Jungle Phonics 1/2/3/4 (Compass Publishing)
  - Let's Begin Level 1/2(Oxford)

※ 파닉스 한 권으로 정리 가능한 책
- 파닉스 무작정 따라하기(길벗스쿨)
- Fast Phonics(Compass Publishing)

※ 무료 동영상 강의
- EBS English 아이캔파닉스

▶ **1단계 학습 팁**

- 메인 교재와 보조 교재를 함께 진행한다.
- 메인 교재는 지문의 그림을 보고 문장을 바로 말할 수 있을 정도로 반복한다. 메인 교재는 최소 2~3개 정도 끝내야 한다.
- 파닉스는 매일 조금씩 학습하되, 교재의 단어들을 반복적으로 따라 하면서 눈으로 많이 익히도록 한다. 자주 발음을 틀리거나 어려워하는 단어는 적어보는 것도 좋은 방법이다.
- 책읽기는 AR 지수 1.1~1.5의 책들 가운데 읽고 싶은 것을 선택 자유롭게 읽도록 한다.

엄마표 코칭 영어
2단계

엄마표 코칭 영어	미국 학년	AR 지수	렉사일 지수
2단계 (영어 알아가기)	1	1.5~2.7	200L~500L

엄마표 코칭 영어의 2단계는 1단계에서 익힌 기초 문장을 바탕으로 영어를 점점 더 알아가는 단계다. 2단계부터는 일상생활의 기본 표현을 실생활에서 응용할 수 있으며, 영어를 듣고 말하는 섀도잉도 더욱 빠르고 정확해진다.

▶ **2단계 교재 선정 팁**

메인 교재

- 40~90글자로 되어 있는 교재, 실생활에서 사용하는 다양한 표현들을 익힐 수 있는 교재

- 교재 예시
  - [읽기] Reading Sense 1/2/3(NE_Build &Grow)
  - [읽기] 60-word READING 1/2(A*List)
  - [읽기] 리빙버디 1/2(NE 능률)
  - [말하기] 튼튼영어 What's up?
  - [말하기/문장패턴/기초문법] Let's Go 1/2

보조 교재

- 정독을 돕는 읽기 교재, 문장 패턴이 반복되는 교재

- 교재 예시
  - [읽기] Bricks 리딩 50~80
  - [읽기] 미국교과서 읽는 리딩 K 1/2/3/4(키출판사)

▶ **2단계 학습 팁**

- 메인 교재로 읽기 교재와 말하기 교재를 각각 골라서 함께 진행하도록 한다. 2단계 수준의 말하기 교재의 경우 영어에서 자주 쓰이는 문장을 암기할 수 있어 효과적이다.

- 1단계와 마찬가지로 메인 교재에 있는 모든 문장을 암기할 수 있도록 반복 지도하고, 워크북을 통해 다시 한번 반복하게 한다. 2단계에서는 4권 정도의 메인 교재를 진행하는 것을 추천한다. 메인 교재를 진행하면서 시간이 남을 경우 보조 교재는 선택적으로 진행한다. 참고로 보조 교재는 본문을 다 암기할 필요까지는 없다. 모르는 단어와 문장만 집중해서 외우면 된다.
- 2단계를 진행할 때도 몰래듣기를 통해 1단계에서 배운 CD를 계속 반복한다.
- 책읽기는 AR 지수 1.5~2.7의 책들을 자유롭고 재미있게 읽을 수 있도록 지도한다.

엄마표 코칭 영어 3단계

엄마표 코칭 영어	미국 학년	AR 지수	렉사일 지수
3단계 (영어 도전하기)	2	2.6~3.5	470L~620L

엄마표 코칭 영어 3단계부터는 아이가 배운 문장을 있는 그대로 따라 말하는 것을 넘어 기존의 문장을 바탕으로 자신만의 영어를 말할 수 있는 중요한 단계다. 단순한 셰도잉을 뛰어넘어 간단하게 자신의 생각을 얘기할 수 있다. 아이의 실력이 빠르게 상승하는 단계이므로 어느 때보다도

아웃풋 학습이 잘 이루어지도록 말할 수 있는 기회를 많이 만들어주어야 한다.

▶ 3단계 교재 선정 팁

메인 교재

- 다양한 주제에 대한 스토리가 있는 교재
- 교재 예시
  - [말하기/문장 패턴/기초 문법] Let's Go 3/4
  - [읽기] 튼튼영어 My Reading Rainbow
  - [읽기] Insight Link 1/2(NE_Build &Grow)
  - [읽기] Reading Ace 1/2/3(A*List)
  - [읽기] School Subject Reading 2/3(Compass Publishing)

보조 교재

- 픽션뿐 아이라 논픽션으로도 이루어진 교재
- 교재 예시
  - [읽기] Bricks 리딩 100~150
  - [읽기] Subject Link 1/2/3(NE_Build &Grow)

▶ 3단계 학습 팁

- 다양한 지문을 보는 것이 좋으므로 3단계 역시 메인 교재와 보조 교재를 함께 진행할 것을 권한다.
- 3단계부터 메인 교재는 말하기 교재든 읽기 교재든 상관없이 선택해도 된다. 말하기의 기초는 1·2단계에서 이미 배웠고, 3단계 이후부터는 읽기 교재의 지문을 통해서도 충분히 말하기 연습을 할 수 있기 때문이다.
- 메인 교재와 보조 교재를 각 3권씩 총 6권 정도 진행한다. 메인 교재는 1·2단계와 마찬가지로 지문 전체를 거의 외울 수 있을 정도로 반복하고, 보조 교재는 모르는 단어와 문장을 중점적으로 공부한 뒤 여러 번 따라하는 연습을 해야 한다.
- 3단계에서는 지문 암기뿐 아니라 지문의 내용을 4~5문장 정도로 간략하게 요약해서 발표하도록 한다. 보조 교재의 경우 지문까지는 다 외우지 않아도 되지만 지문을 간략하게 요약하는 연습은 해야 한다.
- 3단계를 진행할 때도 1·2단계에서 했던 메인 교재의 CD를 지속적으로 들으면서 반복한다.
- 책읽기는 AR 지수 2.6~3.5의 책들을 자유롭고 재미있게 읽을 수 있도록 지도한다.

엄마표 코칭 영어 4단계

엄마표 코칭 영어	미국 학년	AR 지수	렉사일 지수
4단계 (영어에 자신감 갖기)	3	3.2~4.9	590L~790L

엄마표 코칭 영어 4단계에서는 다소 긴 지문 내용을 정리하고 간단한 프레젠테이션을 진행할 수 있다. 전체 내용을 몇 컷의 그림이나 키워드로 정리하여 발표하는 연습을 하면 좋다. 아이가 공부할 때 다소 어려워했던 단어나 문장을 넣어서 발표하게 하면 효과적이다. 이 과정에서 새롭고 어려운 것을 배우는 두려움을 극복할 수 있다.

▶ 4단계 교재 선정 팁

메인 교재

- 문장이 약간 길고 논픽션 내용이 많은 교재, 어려운 단어가 섞여 있으며 주제가 다양한 교재
- 교재 예시
  - [뮤지컬 영어] Ready, Action! Advanced (A*List)
  - [말하기/문장패턴/기초문법] Let's Go 5/6 (Oxford)
  - [말하기] 튼튼영어 The Magic Book
  - [읽기] Insight Link 4/5/6 (NE_Build &Grow)
  - [읽기/단어/문법] 180-word READING 1/2 (A*List)

보조 교재

- 읽기 교재의 수준을 높여서 도전할 수 있도록 현재 수준보다 조금 높은 교재
- 교재 예시
  - [읽기] Bricks 리딩 200~250
  - [읽기] 미국교과서 읽는 리딩 Easy 1/2/3
  - [읽기] Reading Source 3(NE_Build &Grow)
  - [읽기] Reading Future Create 1/2(Compass Publishing)

▶ **4단계 학습 팁**

- 4단계도 메인 교재와 보조 교재를 함께 진행하는 것이 좋다. 교재를 몇 권 학습할지는 아이의 실력에 따라 다르다. 아이가 어려운 단어와 문장을 빨리 외우고 프레젠테이션을 자연스럽게 할 때까지 4단계로 진행한다.
- 점점 메인 교재의 지문 길이가 길어지기 때문에 지문을 완벽하게 외우는 것을 힘들어하는 단계다. 어렵거나 긴 문장들은 따로 체크하여 암기하게 해야 한다.
- 보조 교재는 단어와 어려운 문장 중심으로 반복 학습한다. 메인 교재와 더불어 보조 교재도 한 단원이 끝나면 내용을 정리하여 4~6 컷의 그림이나 키워드로 정리해 간단한 프레젠테이션 연습을 하도록 한다.
- 4단계를 진행할 때도 2·3단계에서 했던 메인 교재 CD를 가끔 들으

면서 반복한다.
- 책읽기는 AR지수 3.2~4.9의 책들을 자유롭고 재미있게 읽을 수 있도록 지도한다. 조금 수준 높은 원서에 도전해도 좋다.
- 쉬운 문법을 서서히 시작한다. 다른 영역과 다소 레벨이 차이가 나더라도 문법 교재는 쉬운 것을 선택하여 문법 용어에 대한 아이의 거부감을 최소화하도록 하자.
- 4단계는 다소 긴 시간 동안 다양한 교재를 최대한 꼼꼼히 학습할 수 있게 지도하면 좋다.

엄마표 코칭 영어 5단계

엄마표 코칭 영어	미국 학년	AR 지수	렉사일 지수
5단계 (영어 실력 확장)	4	4.0~6.2	695L~910L

엄마표 코칭 영어 5단계 정도가 되면 조금 어려운 내용이나 단어가 나와도 두려워하지 않고 책을 읽을 수 있다. 이때부터는 본인의 수준보다 높은 단계의 교재를 선택해도 어렵지 않게 극복할 수 있으며, 정독에서 다독으로 옮겨가는 단계다. 기존에 학습한 실력이 있기 때문에 다독을 하더라도 빠르고 정확하게 내용을 이해할 수 있다. 이때는 어원 중심의 단어책을 추가해서 진행해도 좋다.

▶ 5단계 교재 선정 팁

메인 교재

- 한 문장의 길이가 길고 많은 문단으로 이루어진 교재, 새로 배우는 어려운 단어들이 섞여 있으며 주제가 다소 생소한 교재
- 교재 예시
  - [듣기, 쓰기] Listening Practice through Dictation 1,2 (Compass Publishing)
  - [읽기] Subject Link 6,7 (NE_Build &Grow)
  - [읽기/단어/문법] 210-word READING 1/2 (A*List)

보조 교재

- 읽기 교재의 수준을 높여서 도전할 수 있도록 수준보다 조금 높은 교재로 도전
- 교재 예시
  - [읽기] Bricks 리딩 300
  - [읽기] 미국교과서 읽는 리딩 Basic 1/2/3
  - [읽기] Reading Challenge 1 (Compass Publishing)
  - [읽기] 리딩튜터 실력 (NE능률)

▶ 5단계 학습 팁

- 메인 교재는 한 문장의 길이가 길고 주제가 다소 생소한 교재를 선택하여 영어를 통해 새로운 지식을 접할 수 있게 해주는 것이 좋다.

- 보조 교재는 지문의 길이가 길고 소재가 다양하며 조금 어려운 것이 좋다. 5단계에서는 메인 교재와 더불어 원서 읽기(AR 4.0~6.2)에 집중하면 좋은 단계이기 때문에, 보조 교재는 선택적으로 사용한다.
- 5단계부터는 지문이 길기 때문에 완전히 다 외우려 하기보다는 익숙하지 않은 단어와 문장을 중점적으로 공부하는 데 목표를 두는 것이 좋다. 자연스럽고 자신 있게 프레젠테이션을 할 수 있는 만큼 원서를 읽고 난 뒤 내용 요약과 더불어 자신의 생각을 전달하는 프레젠테이션 연습을 많이 하기를 권한다.
- 5단계에서는 추가적으로 어원 중심으로 단어를 한번 정리해 주는 것도 좋은 방법이다.
- 5단계를 할 때도 2·3·4 단계에서 했던 책들을 계속해서 반복적으로 흘려듣기와 몰래 들려주기를 진행해야 한다.

엄마표 코칭 영어 6단계

엄마표 코칭 영어	미국 학년	AR 지수	렉사일 지수
6단계 (영어 심화 과정)	5	5.0~7.0	805L~980L

엄마표 코칭 영어 6단계는 특정 주제에 대한 내용을 영어로 더 심도 있게 공부하는 연습을 하는 단계다. 영어를 배우는 단계를 벗어나 영어를 통

해 다양한 문학 작품과 원하는 분야의 지식을 쌓을 수 있는 고급 단계로 진입하는 단계이다.

▶ 6단계 교재 선정 팁

메인 교재

• 복잡하고 길이가 긴 문장이 많으며, 어려운 지문이 포함된 교재

• 교재 예시

- [듣기] Listening to the News 2/3 (Compass Publishing)

- [읽기] Subject Link 8/9 (NE_Build &Grow)

- [읽기] Read up 1 (NE_Build &Grow)

- [읽기] Reading for the Real World 1 (Compass Publishing)

보조 교재

• 읽기 교재의 수준을 높여서 도전할 수 있도록 현재 수준보다 더 높은 교재로 도전

• 교재 예시

- [읽기] Bricks 리딩 Intensive 3/4

- [읽기] 미국교과서 읽는 리딩 Core 1/2/3

- [읽기] Reading Expert Advanced.1 (NE능률)

▶ 6단계 학습 팁

- 메인 교재는 조금 내용이 많고 어려운 것을 선택하되, 5단계와 마찬가지로 모든 문장을 암기하려 하기보다는 어렵고 복잡한 문형을 집중적으로 공부하는 것이 좋다.
- 보조 교재는 선택적으로 사용하되, 아이의 현재 실력보다 약간 어려운 것을 선택하여 어려운 구문과 단어를 최대한 많이 학습하도록 지도하자.
- 6단계에서는 프레젠테이션 준비를 오래 하지 않아도 자연스럽게 할 수 있다. 이 단계에서는 지문 내용 정리뿐 아니라 새로운 내용을 더해 자신의 생각을 드러내는 연습을 하도록 한다.
- 지문의 내용을 좀 더 깊이 이해하기 위해 관련 동영상이나 기사를 찾아서 공부하면 좋다.
- 6단계를 진행할 때도 3·4·5단계 메인 교재들의 CD를 계속해서 반복적으로 들으면서 복습하도록 한다.
- 5단계와 마찬가지로 AR 지수 5.0~7.0의 많은 원서들을 읽을 수 있도록 지도한다.

엄마표 코칭 영어
7단계

엄마표 코칭 영어	미국 학년	AR 지수	렉사일 지수
7단계 (영어 자기 주도 학습)	6	6.0~8.1	900L~1040L

마지막 7단계는 아이 스스로 부족한 부분이나 원하는 주제를 찾아 자기 주도 학습을 할 수 있는 단계다. 이때부터는 교재보다는 본인이 원하는 주제로 자연스럽게 공부해도 좋다. 특정 주제를 선정하여 원하는 것을 찾아서 공부하는 프로젝트 학습이 중심이 되면 더 좋다. 원하는 주제와 관련된 TED 강연을 보고 내용을 정리하는 연습을 하거나 공부한 것을 정리하여 발표하는 연습을 많이 하도록 한다. 조금 어려운 뉴스에 대해 공부할 수도 있고, 두껍고 어려운 원서책을 읽을 수도 있다. 다독이 폭발하는 단계이므로 다양한 책을 통해 간접 경험을 할 수 있도록 이끌어주자. 책을 다독할 때는 가끔 음원도 함께 듣고 따라하게 하여 읽기뿐만 아니라 듣고 따라하는 연습도 꾸준히 하게 해주는 것이 좋다.

부록

스페셜 코칭

여기에는 내가 학부모와 상담할 때 가장 많이 나오는 질문 3가지와 그에 대한 내 생각을 담았다. 본문에서 다루지 못했지만 많은 부모님들이 궁금해하는 부분일 것이다. 스페셜 코칭이라는 이름답게 부모님들에게 큰 도움이 되었으면 한다.

질문 1.
아이를 꼭 영어 학원에 보내야 하나요?
(사교육 효과 극대화하는 히든카드)

많은 엄마들이 여러 가지 이유로 엄마표 영어를 선뜻 시작하지 못한다. 본인의 영어 실력에 자신이 없어서일 수도 있고, 직장 때문에 시간적 여유가 없어서일 수도 있다. 또한 엄마표 영어를 하고 있지만 아이의 실력이 정체되거나 여전히 부족한 부분이 있다고 느낄 수도 있다. 이런 경우 나는 영어 전문가, 즉 사교육의 도움을 받으라고 말한다.

하지만 아이에게 사교육을 시킨다고 해서 엄마의 역할이 필요 없는 것은 아니다. 오히려 아이의 사교육 효과를 극대화하기 위해서는 엄마의 코칭 능력이 더욱 중요하다. 학원 강사로서의 경험을 바탕으로, 엄마들이 알고 있으면 좋은 부분들을 간단히 공유하고자 한다.

첫째, 아이를 학원에 보내거나 학습지를 시키더라도, 앞에서 제시한 코칭 영어 학습법은 그대로 적용된다. 단지 인풋을 학원에서 하고 온다고 생각하면 된다. 이 경우 엄마는 아웃풋 학습법이 이루어지도록 지도하면 된다. 흘려듣기와 몰래 들려주기를 통해 배운 문장들을 최대한 많이 익힐 수 있도록 도와주는 것이다. 아이가 학원에서 많은 인풋, 즉 새로운 학습을 하고 오는 만큼 더 많은 관심을 기울여야 한다. 오늘 배운 것을 물어보고, 지속적으로 아이가 배운 것을 표현할 수 있는 기회를 마련해 주는 것이 좋다. 참고로 진도를 따라가지 못하는 아이의 경우 학원 수업을 지루해 할 수 있다. 아이가 수업을 잘 이해하지 못한다면 예습을 하도록 하고, 숙제를 빼먹지 않고 할 수 있도록 이끌어주자.

둘째, 선생님과의 교류가 중요하다. 좋다는 학원에 보냈지만 아이의 실력이 늘지 않는 경우가 생각보다 많은데, 원인을 살펴보면 학부모가 '무관심'한 경우가 많다. 사실 초등학교 저학년 때는 대부분의 부모님들이 아이의 학교생활에 지대한 관심을 표한다. 하지만 학년이 높아지면서 아이의 실력과 위치를 깨닫고 아이를 전적으로 학교에 맡긴다. 학원도 마찬가지다. 저학년 부모님들은 전화도 많이 하고 상담 요청도 많이 한다. 하지만 중·고등학생 부모님 가운데 학원에 전화를 하는 경우는 드물다. 가르치는 입장에서는 부모님이 관심을 보이는 학생에게 더 신경이 쓰이고, 하나라도 더 챙겨주고 싶은 마음이 드는 것이 당연하다.

아이를 학원에 보내고 있다면 최대한 선생님과 많은 교류를 하자. 학원 생활은 어떤지, 아이가 수업을 어려워하지는 않는지, 아이에게 부족한 것은 무엇인지, 숙제는 잘하고 있는지, 수업 태도는 좋은지 등을 수시로 공유하는 것이 좋다. 단순히 학원에서 보내주는 레벨 테스트 리포트만 보고 아이의 학원 생활을 판단하는 것은 위험하다.

셋째, 학원을 선택하는 것도 기술이다. 대부분의 부모님들은 이름이 나 있는 대형 학원을 신뢰하고, 많이 선택한다. 대형 학원이 가지고 있는 시스템이나 입시 정보 때문이다. 하지만 많은 아이들이 함께 수강하는 대형 학원에서 내 아이가 관심 받으면서 공부하기는 쉽지 않다. 또 주변에서 좋다고 하는 학원이 모든 아이에게 다 좋은 것도 아니다. 따라서 학원을 선택할 때는 최대한 여러 곳을 방문하여 상담을 받고 선생님을 만나본 뒤 아이에 성향에 맞는 곳을 선택하는 것이 좋다. 특히 아이가 어릴수록 선생님이 아이에게 더 집중해 줄 수 있는 작은 학원이 더 적합하다.

마지막으로 신경 써야 할 것은, 아이가 '번아웃' 되지 않도록 관심을 갖는 것이다. 아이를 사교육에 맡겼다고 해서 부모님의 역할이 끝난 것은 아니다. 그 후의 관심이 더 중요하다. 내 아이가 학원에서 폭파 버튼을 그리게 만들고 싶지 않다면 명심해야 한다.

질문 2.
한국인 교사 vs. 원어민 교사, 누가 더 좋은가요?

이 또한 많은 학부모들이 하는 질문이다. 특히 나이가 어린 아이를 둔 부모님들은 한국인 교사보다 원어민 교사와의 수업을 선호한다. 가장 큰 이유는 원어민 교사와 수업을 하다 보면 '아이의 발음이 더 좋아지고, 영어를 자연스럽게 배울 수 있지 않을까?' 하는 기대 때문이다.

그런데 '원어민 교사와 한국인 영어 교사의 영어 억양 지도 효과'를 다룬 논문의 내용은 예상과 다르다. 한국인 영어 교사의 억양 지도를 받은 학습자들이 원어민 교사의 억양 지도를 받은 학습자보다 영어 억양 지도 이후 영어 억양 발화 능력이 더 많이 향상되었다는 결과다. 부모님들의 예상과는 다르겠지만 나는 당연한 결과라고 생각한다. 내가 오랫동안 원어민 교사들과 수업을 진행하고, 그들의 수업을 직접 보면서 내린 결론은 '한국인 교사와 원어민 교사에게 주어진 역할과 성향은 다르다'는 것이다. 다시 말해 원어민 교사의 역할과 성향은 영어 수준이 낮은 어린 아이들의 영어 실력을 향상시키는 데 큰 효과가 없다.

예전에 내가 근무하던 어학원에도 일주일에 두 번 원어민 교사와의 수업 시간이 있었다. 그들은 수업을 게임처럼 이끌어 나갔고, 아이들은 꽤 재미있어 했다. 문제는, 아이들 눈높이에 맞춰 쉬운 단어들만 사용하고 게임으로 수업을 이끌다 보니 아이들이 크게 얻어가는 것이 없었다는 것이다. 게다가 대부분의 원어민 교사들은 아이들에게 "Awesome", "Good Job" 같은 칭찬의 말은 많이 해도 잘못 발음하는 부분은 바로잡아 주지 않았다. 그리고 현실적으로 많은 학생들을 대상으로 잘못된 것을 하나하나 바로잡아 주는 게 쉬운 일도 아니다. 결과적으로 원어민 교사와의 수업을 통해 아이들은 스피킹 연습은 했지만 부모님들이 예상한 만큼의 결과는 나오지 않았다.

나는 차라리 '영어를 잘하는 한국인 교사'나 '한국어를 잘하는 교포 강사'가 더 좋다고 생각한다. 일단 우리 문화를 잘 이해하고 있고, 아이들이 영어를 배울 때 어떤 점을 어려워하는지 비교적 잘 파악하고 있기 때문이다. 어린 아이들이 이해하기 어려워하는 부분을 한국어로 잘 설명하고 이해시켜 준다는 점에서도 영어를 잘하는 한국인 교사를 더 추천한다. 게다가 최근에는 해외에서 대학을 졸업하거나 국내 대학의 TESOL 과정을 마친, 즉 전문적인 영어 교육 배경을 가진 교사들이 많아서 원어민 교사보다 교습 실력이 좋은 한국인 교사도 많다.

하지만 아이의 실력이 고급인 경우는 조금 다르다. 이때는 원어민 교사와 공부하는 것이 큰 도움이 될 수 있다. 수준이 높아지면 스피킹 연습은 물론 좀 더 섬세한 표현을 배워야 하기 때문이다. 또한 고급 수준이 되면 원어민 교사와 토론이나 대화를 하면서 자신이 원하는 정보를 습득하고, 함께 수업 방향을 이끌어가면서 원어민 교사가 가진 장점을 더 많이 이끌어낼 수도 있다. 당연한 말이지만, 중요한 것은 한국어 교사인지 원어민 교사인지가 아니라 '아이들의 영어 수준에 따라 실질적으로 어떤 선생님에게서 더 많은 것을 얻어낼 수 있느냐'일 것이다.

질문 3. 엄마와 아이가 함께 영어 공부할 때 쓰면 좋은 사이트와 앱을 소개해 주세요.

자녀의 영어 공부에 대한 부모님들의 관심이 늘어나면서 영어를 배우고 싶어 하는 부모님들도 늘어나고 있다. 아이들뿐만 아니라 부모님들도 활용하면 좋은 앱과 사이트, 방송을 간단히 소개한다.

1) 굿모닝 팝스

모르는 사람이 거의 없는 장수 프로그램으로, 오래된 만큼 좋은 이유도 많다. 매일 아침 6시에서 7시 사이 KBS Cool FM에서 라디오 방송으로 진행되며, 영화와 팝송을 주제로 하고 있다. 따라서 영화 대사를 섀도잉하거나 팝송을 따라 부르면서 즐겁게 영어를 연습하기 좋다. 실용 영어를 하려고 하는 분들께 추천한다. 초급자에게는 조금 어려울 수 있다.

2) EBS English (www.ebse.co.kr)

파닉스, 어휘, 문법 및 듣고, 읽기, 쓰기, 말하기 등 영어 학습의 모든 영역의 동영상을 무료로 볼 수 있다. 아이들을 위한 다양한 영어 학습 콘텐츠뿐만 아니라 성인 대상의 영어신문 읽기와 영어뉴스 등 수준 높은 콘텐츠도 함께 제공한다. 혼자서 영어 공부를 하는 데 어려움이 있는 분들께 추천한다.

3) 무료 영어 학습앱, Cake

유튜브 영상을 바탕으로 한 다양한 영상들로 구성되어 있어서 관심사에 맞는 것을 선택하여 학습할 수 있다. 영상이 비교적 짧은 편이지만 영상에서 나오는 영어 대사script 및 중요 단어와 뜻을 제공하고 있으며, 구간 반복 기능도 있다. 연습한 뒤에 말하기 레벨 테스트(=따라하기)를 통해 자신의 영어 발음이 어느 정도인지 확인해 볼 수 있다는 장점도 있다. 미국 영어뿐 아니라 영국식 영어와 호주식 영어 영상도 많아서 다양한 나라의 발음을 접할 수 있다.

4) 좋아하는 DVD나 미드로 셰도잉 하기

좋아하는 DVD나 미드를 활용해 학습하는 방법이다. 이 방법은 영화나 드라마의 대사를 충분히 이해한 뒤에 따라해야 효과가 있다. 무작정 소리 나는 대로 따라하는 것은 '소리 흉내 내기'에 지나지 않는다. 여러 편의 영화와 드라마를 섞어서 공부하기보다는 장면을 보고 바로 대사가 나올 수 있을 정도로 하나의 영상을 반복해서 완전히 익힐 것을 추천한다.

5) 영어뉴스 & TED

영어뉴스를 활용한 공부는 고급자들이 주로 사용하는 방법이다. CNN이나 BBC처럼 외국 뉴스를 바탕으로 학습하는 것도 좋지만 나는 개인적으로 아리랑뉴스로 공부하는 것을 더 추천한다. 국내에서 일어나고 있는 주요 뉴스와 사건을 중심으로 구성되어 있어서 이해하기가 쉽고, 스크립

트를 제공해 공부하기에 더 용이하기 때문이다.

 다양한 분야의 유명 인사들이 참여하는 강연인 TED로 영어를 학습하는 사람도 많다. 하지만, TED는 자신의 관심 분야가 아닌 이상 지루할 수 있고, 전문 용어가 많기 때문에 주제를 신중하게 선택해야 한다. TED 강연을 통해 영어 실력뿐 아니라 관심 분야의 전문 지식과 노하우도 얻을 수 있다.

참고 문헌 및 사이트

책

『오토 예스퍼슨의 외국어 교육 개혁론』, 한국문화사, 2004
『하루 나이독서』, 이상화, 푸른육아, 2014
『독서머리 공부법』, 최승필, 책구루, 2018

논문

「원어민 교사와 한국인 영어교사의 영어억양지도효과」 최은영(2006)
「한국초·중등학생들의 영어 학습 동기 및 제2언어 자아 분석: 정석적 인터뷰 접근법」, 영어학, 김태영(2012)
「자녀를 영어유치원에 보내는 어머니들의 경험에 대한 연구」, 이율이·양성은(2009)
「모국어 능력과 영어 습득의 상관관계에 대한 연구: 국내 외국인 학교 한국인 재학생을 중심으로」, 최지현(2013)
「한국 유아의 모국어발달 수준과 영어 학습 수준과의 관계」, 이귀옥(2003)
「Principles and parameters in syntactic theoryIn N.Hornstein & D.」, Chomsky, N.(1981)
「Explanation in linguistics: The Logical Problem of Language Acquisition. London: Longman」, Lightfoot(Eds.)
「Principles and Practice in Second Language Acquisition. Oxford: Pergamon」, Krashen, S.D.(1982)
「The Input Hypothesis: Issues and Implications, New York: Longman」, Krashen, S.D.(1985)

사이트

중앙일보 〈열려라! 공부: 무턱대고 열심히 하라면 안 되죠〉, 2005.7.19
https://news.joins.com/article/1639916

MMTIC 간이 설문지 참고
http://blog.daum.net/coolspace/11797102

렉사일 지수, AR 지수 CONVERSION
https://www.everettsd.org/site/handlers/filedownload.ashx?moduleinstanceid=75781&dataid=67807&FileName=AR%20to%20Lexile%20Conversion.pdf

렉사일 지수, AR 지수 설명
https://www.aladin.co.kr/events/wevent.aspx?EventId=196829

에빙하우스 망각곡선
https://terms.naver.com/entry.nhn?docId=5673897&cid=62841&categoryId=6284

에필로그

: 엄마표 코칭으로 엄마표 영어의 꽃을 피우세요

'좋은 것은 나누자.'

늘 고민하고 실행하기 위해 노력하는 제 인생 목표입니다. 제가 가진 장점과 지식을 다른 사람과 나누면서 함께 행복했으면 하는 저의 바람이기도 합니다. 이 책도 기존의 엄마표 영어를 부정하는 것이 아니라 엄마표 영어가 꽃피울 수 있도록 돕기 위한 목표에서 시작되었습니다. 어린 아이를 둔 초보 엄마들에게는 영어 교육의 방향을 잡아주고 싶어서, 이미 늦었다고 생각하는 초등학생 엄마들에게는 아직 늦지 않았음을 알려주고 싶어서, 기존 엄마표 영어나 영어유치원에서 효과를 보지 못한 엄마들에게는 다른 학습 방법도 있음을 이야기해주고 싶었습니다. 이 책을 통해 아이들에게는 '영어'와 '자기 주도 학습'이라는 선물을, 엄마들에게는 '희망'과 '너그러움'이라는 위로를 드린다면 더없이 기쁠 것입니다.

이 책이 나오기까지 늘 말씀으로 위로해 주시는 하나님께 가장 큰 영광과 감사를 돌립니다. 제가 포기하지 않고 글을 쓸 수 있도록 이끌어준 남편과 책의 또 다른 주인공인 쌍둥이 두 딸 하은, 예은에게 사랑한다고 말하고 싶습니다. 책을 쓰는 데 많은 도움을 준 제 언니와 모든 가족에게도 감사의 마음을 전합니다. 아울러 제게 책을 쓸 수 있도록 용기를 준 『나는 매일 도서관에 가는 엄마입니다』의 작가 이혜진님, 그리고 이 책이 출간되기까지 도와주신 로그인 출판사 편집부에 진심으로 감사의 말씀을 전합니다.

우리 아이들이 모두 당당한 선수로 성장하여 더 이상 코치가 필요 없을 때까지, 대한민국 모든 엄마들이 파이팅하기를 기원합니다!

※ 이 책의 인세는 전액 '아프리카 우물파기'에 사용될 예정입니다.

우리 아이 첫 영어, 저는 코칭합니다

초판 1쇄　발행일　2020년 3월 27일

지은이　　이혜선
펴낸이　　유성권

편집장　　양선우
책임편집　윤경선　　　　편집　　신혜진 백주영
해외저작권　정지현　　　홍보　　최예름　　　　본문디자인　박정실
마케팅　　김선우 박희준 김민석 박혜민 김민지
제작　　　장재균　　　　물류　　김성훈 고창규

펴낸곳　　㈜이퍼블릭
출판등록　1970년 7월 28일, 제1-170호
주소　　　서울시 양천구 목동서로 211 범문빌딩 (07995)
대표전화　02-2653-5131 | 팩스 02-2653-2455
메일　　　loginbook@epublic.co.kr
포스트　　post.naver.com/epubliclogin
홈페이지　www.loginbook.com

- 이 책은 저작권법으로 보호받는 저작물이므로 무단 전재와 복제를 금지하며, 이 책 내용의 전부 또는 일부를 이용하려면 반드시 저작권자와 ㈜이퍼블릭의 서면 동의를 받아야 합니다.
- 잘못된 책은 구입처에서 교환해 드립니다.
- 책값과 ISBN은 뒤표지에 있습니다.

로그인 은 ㈜이퍼블릭의 어학·자녀교육·실용 브랜드입니다.

이 도서의 국립중앙도서관 출판예정도서목록(CIP)은 서지정보유통지원시스템 홈페이지(http://seoji.nl.go.kr)와 국가자료공동목록시스템(http://www.nl.go.kr/kolisnet)에서 이용하실 수 있습니다. (CIP제어번호: CIP2020010298)

아웃풋 스터디 플래너

아웃풋 스터디 플래너의 목적

첫째,
아이가 직접 학습 목표를 세우고 달성하는 과정에서
스스로 공부하는 습관을 들이는 동시에 성취감을 느끼게 하기 위함입니다.

둘째,
아이의 학습 시간을 관리하고, 집중의 중요성을 깨닫게 하기 위함입니다.

셋째,
공부는 모르는 것을 알아가는 과정임을 깨닫게 하는 과정입니다.
매일 조금씩 알아가는 것의 즐거움을 깨닫고,
복습의 효과까지 누리도록 구성하였습니다.

---

* 본 플래너는 특정 행동을 66일 동안 지속하면 습관이 된다는 '66일의 법칙'에 바탕하여 총 66일을 담았습니다. 처음부터 잘하는 아이는 없습니다. 부모님들은 아이가 꾸준히 실천할 수 있도록 지켜보고, 아이의 하루하루를 칭찬해주시면 됩니다. 66일 뒤, 작은 기적이 일어날 수 있습니다.

올바른 공부 습관 만들기,
지금 시작합니다.

01 일차

20   년
월   일   요일

1) 이용 가능한 학습 시간

2) 오늘의 목표

3) 꼭 해야 할 공부 (중요한 순서대로)	시간 분배
①	
②	
③	

학습서	4) 기억하고 싶은 내용	시간
	5) 총 공부 시간	

6) 새롭게 알게 된 내용	7) 오늘의 공부 평가하기
너를 응원해!	8) 부모님 확인

아웃풋 스터디 플래너 똑똑하게 활용하기

1) 이용 가능한 학습 시간
하루 일과 중 현실적으로 집중해서 공부 가능한 시간을 분 단위까지 적는다.

2) 오늘의 목표
오늘 꼭 하겠다고 생각하는 목표를 구체적으로 적는다.

3) 꼭 해야 할 공부와 시간 분배
중요도에 따라서 공부할 순서와 시간을 분배한다.

4) 과목 또는 교재 / 기억하고 싶은 내용 / 시간
공부를 시작하면서 과목 또는 교재명을 적고 학습이 끝나면 총 학습 시간을 적는다. 공부가 끝날 때마다 책을 덮고 새로 배운 내용 가운데 꼭 기억하고 싶은 내용을 적는다.

5) 총 공부 시간
하루에 공부하는 시간을 스스로 체크한다.

6) 새롭게 알게 된 내용
그날 새롭게 안 내용이나 기억해야 할 내용 중 복습이 필요한 부분이나 다시 한번 상기해야 할 내용을 파악해 스스로 응용문제를 만들어 본다.

7) 평가하기
아이 스스로 하루 공부를 평가해 본다. 엄마는 아이의 평가 내용을 판단해서는 안 된다.

8) 부모님 확인 & 너를 응원해!
사인과 함께 짧고 구체적인 코멘트로 아이의 학습을 칭찬하고, 공부한 내용의 발화를 이끌어낸다.

9) 여백 활용
책을 읽고 나서 좋았던 부분을 필사하거나 공부하면서 궁금한 내용이 있다면 질문할 내용을 적어두고 추후 확인한다.

	꼭 해야 할 공부(중요한 순서대로)	시간 분배
일차 2 0 년 월 일 요일	①	
	②	
	③	

이용 가능한 학습 시간	학습서	기억하고 싶은 내용	시간
오늘의 목표			
	총 공부 시간		

새롭게 알게 된 내용	오늘의 공부 평가하기
너를 응원해!	부모님 확인

 오늘도 최선을 다한 너에게

	꼭 해야 할 공부 (중요한 순서대로)	시간 분배
일차 2 0 년 월 일 요일	①	
	②	
	③	

이용 가능한 학습 시간	학습서	기억하고 싶은 내용	시간
오늘의 목표			
		총 공부 시간	

새롭게 알게 된 내용	오늘의 공부 평가하기
너를 응원해!	부모님 확인

  오늘도 최선을 다한 너에게

	꼭 해야 할 공부 (중요한 순서대로)	시간 분배
	①	
	②	
	③	

일차

20   년
월   일   요일

학습서	기억하고 싶은 내용	시간
총 공부 시간		

이용 가능한 학습 시간

오늘의 목표

새롭게 알게 된 내용	오늘의 공부 평가하기
너를 응원해!	부모님 확인

♥ **오늘도 최선을 다한 너에게**

	꼭 해야 할 공부 (중요한 순서대로)	시간 분배
일차	①	
20 년	②	
월 일 요일	③	

이용 가능한 학습 시간	학습서	기억하고 싶은 내용	시간
오늘의 목표			
	총 공부 시간		

새롭게 알게 된 내용	오늘의 공부 평가하기
너를 응원해!	부모님 확인

오늘도 최선을 다한 너에게

	꼭 해야 할 공부(중요한 순서대로)	시간 분배
	①	
	②	
	③	

일차

20   년
   월   일   요일

이용 가능한 학습 시간

오늘의 목표

학습서	기억하고 싶은 내용	시간
총 공부 시간		

새롭게 알게 된 내용	오늘의 공부 평가하기
너를 응원해!	부모님 확인

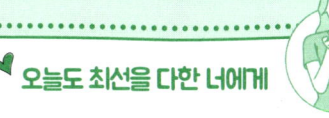 오늘도 최선을 다한 너에게

	꼭 해야 할 공부(중요한 순서대로)	시간 분배
일차 2 0 년 월 일 요일	①	
	②	
	③	

이용 가능한 학습 시간	학습서	기억하고 싶은 내용	시간
오늘의 목표			
	총 공부 시간		

새롭게 알게 된 내용	오늘의 공부 평가하기
너를 응원해!	부모님 확인

♥ 오늘도 최선을 다한 너에게

	꼭 해야 할 공부 (중요한 순서대로)	시간 분배
일차	①	
2 0 년	②	
월 일 요일	③	

이용 가능한 학습 시간	학습서	기억하고 싶은 내용	시간
오늘의 목표			
	총 공부 시간		

새롭게 알게 된 내용	오늘의 공부 평가하기
너를 응원해!	부모님 확인

오늘도 최선을 다한 너에게

	일차
20 년	
월 일 요일	

꼭 해야 할 공부 (중요한 순서대로)		시간 분배
①		
②		
③		

이용 가능한 학습 시간

학습서	기억하고 싶은 내용	시간
총 공부 시간		

오늘의 목표

새롭게 알게 된 내용	오늘의 공부 평가하기
너를 응원해!	부모님 확인

오늘도 최선을 다한 너에게

	꼭 해야 할 공부(중요한 순서대로)	시간 분배
일차	①	
20 년	②	
월 일 요일	③	

이용 가능한 학습 시간	학습서	기억하고 싶은 내용	시간
오늘의 목표			
	총 공부 시간		

새롭게 알게 된 내용	오늘의 공부 평가하기
너를 응원해!	부모님 확인

 오늘도 최선을 다한 너에게

	일차	꼭 해야 할 공부(중요한 순서대로)		시간 분배
		①		
2 0 년		②		
월 일 요일		③		

이용 가능한 학습 시간	학습서	기억하고 싶은 내용	시간
오늘의 목표			
		총 공부 시간	

새롭게 알게 된 내용	오늘의 공부 평가하기
너를 응원해!	부모님 확인

 **오늘도 최선을 다한 너에게**

	꼭 해야 할 공부 (중요한 순서대로)	시간 분배
일차 2 0 년 월 일 요일	①	
	②	
	③	

이용 가능한 학습 시간	학습서	기억하고 싶은 내용	시간
오늘의 목표			
	총 공부 시간		

새롭게 알게 된 내용	오늘의 공부 평가하기
너를 응원해!	부모님 확인

오늘도 최선을 다한 너에게

	일차
	20 년
	월 일 요일

꼭 해야 할 공부 (중요한 순서대로)	시간 분배
①	
②	
③	

이용 가능한 학습 시간

학습서	기억하고 싶은 내용	시간
총 공부 시간		

오늘의 목표

새롭게 알게 된 내용	오늘의 공부 평가하기
너를 응원해!	부모님 확인

오늘도 최선을 다한 너에게

	일차
20 년	
월 일 요일	

꼭 해야 할 공부(중요한 순서대로)	시간 분배
①	
②	
③	

이용 가능한 학습 시간

오늘의 목표

학습서	기억하고 싶은 내용	시간
	총 공부 시간	

새롭게 알게 된 내용	오늘의 공부 평가하기
너를 응원해!	부모님 확인

♥ **오늘도 최선을 다한 너에게**

	꼭 해야 할 공부 (중요한 순서대로)	시간 분배
일차 2 0 년 월 일 요일	①	
	②	
	③	

이용 가능한 학습 시간	학습서	기억하고 싶은 내용	시간
오늘의 목표			
	총 공부 시간		

새롭게 알게 된 내용	오늘의 공부 평가하기
너를 응원해!	부모님 확인

오늘도 최선을 다한 너에게

	꼭 해야 할 공부 (중요한 순서대로)	시간 분배
①		
②		
③		

일차

20   년
월   일   요일

학습서	기억하고 싶은 내용	시간
	총 공부 시간	

이용 가능한 학습 시간

오늘의 목표

새롭게 알게 된 내용	오늘의 공부 평가하기
너를 응원해!	부모님 확인

	꼭 해야 할 공부 (중요한 순서대로)	시간 분배
일차 2 0 년 월 일 요일	①	
	②	
	③	

이용 가능한 학습 시간

학습서	기억하고 싶은 내용	시간
	총 공부 시간	

오늘의 목표

새롭게 알게 된 내용	오늘의 공부 평가하기
너를 응원해!	부모님 확인

오늘도 최선을 다한 너에게

	꼭 해야 할 공부 (중요한 순서대로)	시간 분배
일차	①	
	②	
2 0　　년	③	
월　　일　　요일		

이용 가능한 학습 시간	학습서	기억하고 싶은 내용	시간
오늘의 목표			
		총 공부 시간	

새롭게 알게 된 내용	오늘의 공부 평가하기
너를 응원해!	**부모님 확인**

♥ **오늘도 최선을 다한 너에게**

	꼭 해야 할 공부 (중요한 순서대로)	시간 분배
①		
②		
③		

일차

20   년
월   일   요일

학습서	기억하고 싶은 내용	시간
총 공부 시간		

이용 가능한 학습 시간

오늘의 목표

새롭게 알게 된 내용	오늘의 공부 평가하기
너를 응원해!	부모님 확인

오늘도 최선을 다한 너에게

33일

	꼭 해야 할 공부 (중요한 순서대로)	시간 분배
일차 2 0 년 월 일 요일	①	
	②	
	③	

이용 가능한 학습 시간	학습서	기억하고 싶은 내용	시간
	오늘의 목표		
		총 공부 시간	

새롭게 알게 된 내용	오늘의 공부 평가하기
너를 응원해!	부모님 확인

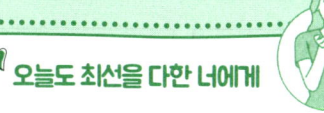 오늘도 최선을 다한 너에게

	일차		
20 년 월 일 요일			

꼭 해야 할 공부 (중요한 순서대로)		시간 분배
①		
②		
③		

이용 가능한 학습 시간	학습서	기억하고 싶은 내용	시간
오늘의 목표			
		총 공부 시간	

새롭게 알게 된 내용	오늘의 공부 평가하기
너를 응원해!	부모님 확인

오늘도 최선을 다한 너에게

	꼭 해야 할 공부 (중요한 순서대로)	시간 분배
①		
②		
③		

일차

20   년
월   일   요일

이용 가능한 학습 시간

오늘의 목표

학습서	기억하고 싶은 내용	시간
총 공부 시간		

새롭게 알게 된 내용	오늘의 공부 평가하기
너를 응원해!	부모님 확인

 오늘도 최선을 다한 너에게

	꼭 해야 할 공부 (중요한 순서대로)	시간 분배
일차 2 0 년 월 일 요일	①	
	②	
	③	

이용 가능한 학습 시간	학습서	기억하고 싶은 내용	시간
오늘의 목표			
		총 공부 시간	

새롭게 알게 된 내용	오늘의 공부 평가하기
너를 응원해!		부모님 확인	

♥ 오늘도 최선을 다한 너에게

	꼭 해야 할 공부 (중요한 순서대로)	시간 분배
일차	①	
20 년	②	
월 일 요일	③	

이용 가능한 학습 시간	학습서	기억하고 싶은 내용	시간
오늘의 목표			
	총 공부 시간		

새롭게 알게 된 내용	오늘의 공부 평가하기
너를 응원해!	부모님 확인

오늘도 최선을 다한 너에게

	꼭 해야 할 공부 (중요한 순서대로)	시간 분배
일차 2 0 년 월 일 요일	①	
	②	
	③	

	학습서	기억하고 싶은 내용	시간
이용 가능한 학습 시간			
오늘의 목표			
		총 공부 시간	

새롭게 알게 된 내용	오늘의 공부 평가하기
너를 응원해!	부모님 확인

  오늘도 최선을 다한 너에게

	꼭 해야 할 공부 (중요한 순서대로)	시간 분배
일차	①	
20 년	②	
월 일 요일	③	

이용 가능한 학습 시간	학습서	기억하고 싶은 내용	시간
오늘의 목표			
		총 공부 시간	

새롭게 알게 된 내용	오늘의 공부 평가하기
너를 응원해!	부모님 확인

오늘도 최선을 다한 너에게

	꼭 해야 할 공부 (중요한 순서대로)	시간 분배
①		
②		
③		

일차

20   년
　월　　일　　요일

학습서	기억하고 싶은 내용	시간
총 공부 시간		

이용 가능한 학습 시간

오늘의 목표

새롭게 알게 된 내용	오늘의 공부 평가하기
너를 응원해!	부모님 확인

오늘도 최선을 다한 너에게

	꼭 해야 할 공부 (중요한 순서대로)	시간 분배
일차	①	
20 년	②	
월 일 요일	③	

이용 가능한 학습 시간	학습서	기억하고 싶은 내용	시간
오늘의 목표			
	총 공부 시간		

새롭게 알게 된 내용	오늘의 공부 평가하기
너를 응원해!	부모님 확인

  오늘도 최선을 다한 너에게

	꼭 해야 할 공부 (중요한 순서대로)	시간 분배
일차	①	
	②	
2 0 년		
월 일 요일	③	
이용 가능한 학습 시간	학습서	기억하고 싶은 내용	시간
---	---	---	---
오늘의 목표			
		총 공부 시간	

새롭게 알게 된 내용	오늘의 공부 평가하기
너를 응원해!	부모님 확인

♡ 오늘도 최선을 다한 너에게

	꼭 해야 할 공부 (중요한 순서대로)	시간 분배
일차 20 년 월 일 요일	①	
	②	
	③	

이용 가능한 학습 시간	학습서	기억하고 싶은 내용	시간
오늘의 목표			
	총 공부 시간		

새롭게 알게 된 내용	오늘의 공부 평가하기
너를 응원해!	부모님 확인

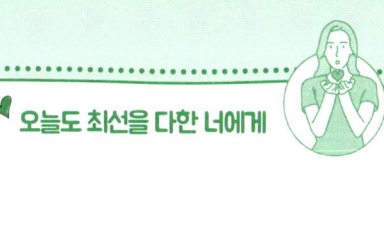

♥ 오늘도 최선을 다한 너에게

	꼭 해야 할 공부(중요한 순서대로)	시간 분배
일차	①	
	②	
2 0 년		
월 일 요일	③	

이용 가능한 학습 시간	학습서	기억하고 싶은 내용	시간
오늘의 목표			
		총 공부 시간	

새롭게 알게 된 내용	오늘의 공부 평가하기
너를 응원해!	부모님 확인

 오늘도 최선을 다한 너에게

	꼭 해야 할 공부 (중요한 순서대로)	시간 분배
①		
②		
③		

일차

20   년
월   일   요일

이용 가능한 학습 시간

학습서	기억하고 싶은 내용	시간
총 공부 시간		

오늘의 목표

새롭게 알게 된 내용	오늘의 공부 평가하기
너를 응원해!	**부모님 확인**

 오늘도 최선을 다한 너에게

	꼭 해야 할 공부 (중요한 순서대로)	시간 분배
일차 20 년 월 일 요일	①	
	②	
	③	

이용 가능한 학습 시간

학습서	기억하고 싶은 내용	시간
	총 공부 시간	

오늘의 목표

새롭게 알게 된 내용	오늘의 공부 평가하기
너를 응원해!	부모님 확인

오늘도 최선을 다한 너에게

	일차
	20 년
	월 일 요일

꼭 해야 할 공부 (중요한 순서대로)	시간 분배
①	
②	
③	

이용 가능한 학습 시간
오늘의 목표

학습서	기억하고 싶은 내용	시간
	총 공부 시간	

새롭게 알게 된 내용	오늘의 공부 평가하기
너를 응원해!	부모님 확인

 **오늘도 최선을 다한 너에게**

	일차
	20 년
	월 일 요일

꼭 해야 할 공부(중요한 순서대로)		시간 분배
①		
②		
③		

이용 가능한 학습 시간

학습서	기억하고 싶은 내용	시간
총 공부 시간		

오늘의 목표

새롭게 알게 된 내용	오늘의 공부 평가하기
너를 응원해!	부모님 확인

♥ 오늘도 최선을 다한 너에게

	꼭 해야 할 공부 (중요한 순서대로)	시간 분배
①		
②		
③		

일차

20   년
월   일   요일

학습서	기억하고 싶은 내용	시간
	총 공부 시간	

이용 가능한 학습 시간

오늘의 목표

새롭게 알게 된 내용	오늘의 공부 평가하기
너를 응원해!	부모님 확인

  오늘도 최선을 다한 너에게

	꼭 해야 할 공부 (중요한 순서대로)	시간 분배
일차	①	
	②	
20 년 월 일 요일	③	

이용 가능한 학습 시간	학습서	기억하고 싶은 내용	시간
오늘의 목표			
	총 공부 시간		

새롭게 알게 된 내용	오늘의 공부 평가하기
너를 응원해!	부모님 확인

오늘도 최선을 다한 너에게

	꼭 해야 할 공부 (중요한 순서대로)	시간 분배
일차 2 0 년 월 일 요일	①	
	②	
	③	

이용 가능한 학습 시간	학습서	기억하고 싶은 내용	시간
오늘의 목표			
		총 공부 시간	

새롭게 알게 된 내용	오늘의 공부 평가하기
너를 응원해!	부모님 확인

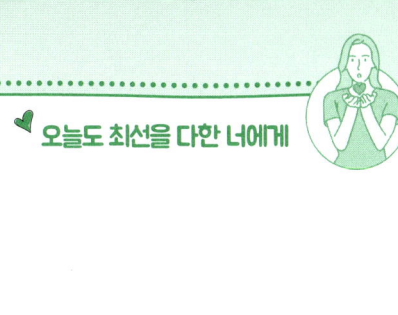

오늘도 최선을 다한 너에게

	꼭 해야 할 공부 (중요한 순서대로)	시간 분배
일차 2 0 년 월 일 요일	①	
	②	
	③	

이용 가능한 학습 시간	학습서	기억하고 싶은 내용	시간
오늘의 목표			
	총 공부 시간		

새롭게 알게 된 내용	오늘의 공부 평가하기
너를 응원해!	부모님 확인

 오늘도 최선을 다한 너에게

	꼭 해야 할 공부(중요한 순서대로)	시간 분배
①		
②		
③		

일차

20   년
월   일   요일

학습서	기억하고 싶은 내용	시간
총 공부 시간		

이용 가능한 학습 시간

오늘의 목표

새롭게 알게 된 내용	오늘의 공부 평가하기
너를 응원해!	부모님 확인

♥ **오늘도 최선을 다한 너에게**

	일차
	20 년
	월 일 요일

꼭 해야 할 공부 (중요한 순서대로)		시간 분배
①		
②		
③		

이용 가능한 학습 시간

학습서	기억하고 싶은 내용	시간
총 공부 시간		

오늘의 목표

새롭게 알게 된 내용	오늘의 공부 평가하기
너를 응원해!	부모님 확인

오늘도 최선을 다한 너에게

	꼭 해야 할 공부 (중요한 순서대로)	시간 분배
일차 2 0 년 월 일 요일	①	
	②	
	③	

이용 가능한 학습 시간	학습서	기억하고 싶은 내용	시간
오늘의 목표			
	총 공부 시간		

새롭게 알게 된 내용	오늘의 공부 평가하기
너를 응원해!	**부모님 확인**

오늘도 최선을 다한 너에게

	꼭 해야 할 공부 (중요한 순서대로)	시간 분배
①		
②		
③		

일차

20   년
　월　　일　　요일

이용 가능한 학습 시간

오늘의 목표

학습서	기억하고 싶은 내용	시간
	총 공부 시간	

새롭게 알게 된 내용	오늘의 공부 평가하기
너를 응원해!	부모님 확인

오늘도 최선을 다한 너에게

	꼭 해야 할 공부 (중요한 순서대로)	시간 분배
일차	①	
	②	
2 0 년	③	
월 일 요일		

이용 가능한 학습 시간	학습서	기억하고 싶은 내용	시간
오늘의 목표			
	총 공부 시간		

새롭게 알게 된 내용	오늘의 공부 평가하기
너를 응원해!	부모님 확인

오늘도 최선을 다한 너에게

	꼭 해야 할 공부 (중요한 순서대로)	시간 분배
일차	①	
20 년	②	
월 일 요일	③	

이용 가능한 학습 시간	학습서	기억하고 싶은 내용	시간
오늘의 목표			
	총 공부 시간		

새롭게 알게 된 내용	오늘의 공부 평가하기
너를 응원해!	부모님 확인

♥ 오늘도 최선을 다한 너에게

	꼭 해야 할 공부 (중요한 순서대로)	시간 분배
일차 20 년 월 일 요일	①	
	②	
	③	

이용 가능한 학습 시간	학습서	기억하고 싶은 내용	시간
오늘의 목표			
	총 공부 시간		

새롭게 알게 된 내용	오늘의 공부 평가하기
너를 응원해!	부모님 확인

  오늘도 최선을 다한 너에게

	일차	
20 년		
월 일 요일		

꼭 해야 할 공부(중요한 순서대로)		시간 분배
①		
②		
③		

이용 가능한 학습 시간	학습서	기억하고 싶은 내용	시간
오늘의 목표			
		총 공부 시간	

새롭게 알게 된 내용	오늘의 공부 평가하기
너를 응원해!	부모님 확인

오늘도 최선을 다한 너에게

	꼭 해야 할 공부 (중요한 순서대로)	시간 분배
①		
②		
③		

일차

20   년
월   일   요일

이용 가능한 학습 시간

오늘의 목표

학습서	기억하고 싶은 내용	시간
	총 공부 시간	

새롭게 알게 된 내용	오늘의 공부 평가하기
너를 응원해!	부모님 확인

	꼭 해야 할 공부 (중요한 순서대로)	시간 분배
일차 2 0 년 월 일 요일	①	
	②	
	③	

이용 가능한 학습 시간	학습서	기억하고 싶은 내용	시간
오늘의 목표			
	총 공부 시간		

새롭게 알게 된 내용	오늘의 공부 평가하기
너를 응원해!	부모님 확인

오늘도 최선을 다한 너에게

	꼭 해야 할 공부 (중요한 순서대로)	시간 분배
일차 2 0 년 월 일 요일	①	
	②	
	③	

이용 가능한 학습 시간	학습서	기억하고 싶은 내용	시간
오늘의 목표			
	총 공부 시간		

새롭게 알게 된 내용	오늘의 공부 평가하기
너를 응원해!	부모님 확인

오늘도 최선을 다한 너에게

	꼭 해야 할 공부(중요한 순서대로)	시간 분배
일차	①	
20 년	②	
월 일 요일	③	

이용 가능한 학습 시간	학습서	기억하고 싶은 내용	시간
오늘의 목표			
	총 공부 시간		

새롭게 알게 된 내용	오늘의 공부 평가하기
너를 응원해!	부모님 확인

오늘도 최선을 다한 너에게

	꼭 해야 할 공부 (중요한 순서대로)	시간 분배
일차	①	
20 년	②	
월 일 요일	③	

이용 가능한 학습 시간	학습서	기억하고 싶은 내용	시간
오늘의 목표			
		총 공부 시간	

새롭게 알게 된 내용	오늘의 공부 평가하기
너를 응원해!	**부모님 확인**

오늘도 최선을 다한 너에게

	꼭 해야 할 공부 (중요한 순서대로)	시간 분배
일차	①	
20 년	②	
월 일 요일	③	

이용 가능한 학습 시간	학습서	기억하고 싶은 내용	시간
오늘의 목표			
	총 공부 시간		

새롭게 알게 된 내용	오늘의 공부 평가하기
너를 응원해!	부모님 확인

오늘도 최선을 다한 너에게

	꼭 해야 할 공부 (중요한 순서대로)	시간 분배
①		
②		
③		

일차

20   년
월   일   요일

학습서	기억하고 싶은 내용	시간
	총 공부 시간	

이용 가능한 학습 시간

오늘의 목표

새롭게 알게 된 내용	오늘의 공부 평가하기
너를 응원해!	부모님 확인

오늘도 최선을 다한 너에게

	꼭 해야 할 공부 (중요한 순서대로)	시간 분배
일차 20 년 월 일 요일	①	
	②	
	③	

이용 가능한 학습 시간	학습서	기억하고 싶은 내용	시간
오늘의 목표			
	총 공부 시간		

새롭게 알게 된 내용	오늘의 공부 평가하기
너를 응원해!	부모님 확인

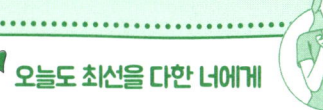

오늘도 최선을 다한 너에게

	일차		꼭 해야 할 공부 (중요한 순서대로)	시간 분배
		①		
20 년		②		
월 일 요일		③		

이용 가능한 학습 시간	학습서	기억하고 싶은 내용	시간
오늘의 목표			
	총 공부 시간		

새롭게 알게 된 내용	오늘의 공부 평가하기
너를 응원해!	부모님 확인

 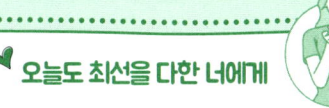

오늘도 최선을 다한 너에게

	꼭 해야 할 공부 (중요한 순서대로)	시간 분배
①		
②		
③		

일차

20   년
월   일   요일

이용 가능한 학습 시간

오늘의 목표

학습서	기억하고 싶은 내용	시간
총 공부 시간		

새롭게 알게 된 내용	오늘의 공부 평가하기
너를 응원해!	부모님 확인

 오늘도 최선을 다한 너에게

	꼭 해야 할 공부 (중요한 순서대로)	시간 분배
일차 2 0 년 월 일 요일	①	
	②	
	③	

이용 가능한 학습 시간	학습서	기억하고 싶은 내용	시간
오늘의 목표			
	총 공부 시간		

새롭게 알게 된 내용	오늘의 공부 평가하기
너를 응원해!	부모님 확인

오늘도 최선을 다한 너에게

	꼭 해야 할 공부 (중요한 순서대로)	시간 분배
일차	①	
2 0 년	②	
월 일 요일	③	

이용 가능한 학습 시간	학습서	기억하고 싶은 내용	시간
오늘의 목표			
	총 공부 시간		

새롭게 알게 된 내용	오늘의 공부 평가하기
너를 응원해!	부모님 확인

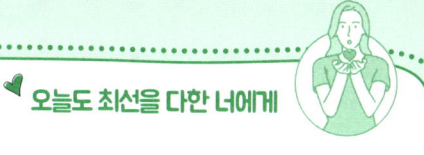 오늘도 최선을 다한 너에게

	꼭 해야 할 공부 (중요한 순서대로)	시간 분배
일차	①	
20 년	②	
월 일 요일	③	

이용 가능한 학습 시간	학습서	기억하고 싶은 내용	시간
오늘의 목표			
	총 공부 시간		

새롭게 알게 된 내용	오늘의 공부 평가하기
너를 응원해!	부모님 확인

♥ 오늘도 최선을 다한 너에게

	꼭 해야 할 공부 (중요한 순서대로)	시간 분배
일차	①	
2 0 년	②	
월 일 요일	③	

이용 가능한 학습 시간	학습서	기억하고 싶은 내용	시간
오늘의 목표			
	총 공부 시간		

새롭게 알게 된 내용	오늘의 공부 평가하기
너를 응원해!	부모님 확인

♥ **오늘도 최선을 다한 너에게**

	꼭 해야 할 공부(중요한 순서대로)	시간 분배
①		
②		
③		

일차

20   년
월   일   요일

이용 가능한 학습 시간	학습서	기억하고 싶은 내용	시간
	총 공부 시간		

오늘의 목표

새롭게 알게 된 내용	오늘의 공부 평가하기
너를 응원해!	부모님 확인

♥ **오늘도 최선을 다한 너에게**

	꼭 해야 할 공부(중요한 순서대로)	시간 분배
①		
②		
③		

일차

2 0   년
월   일   요일

이용 가능한 학습 시간	학습서	기억하고 싶은 내용	시간
오늘의 목표			
	총 공부 시간		

새롭게 알게 된 내용	오늘의 공부 평가하기
너를 응원해!	부모님 확인

♥ 오늘도 최선을 다한 너에게

	꼭 해야 할 공부 (중요한 순서대로)	시간 분배
일차 2 0 년 월 / 일 요일	①	
	②	
	③	

이용 가능한 학습 시간	학습서	기억하고 싶은 내용	시간
오늘의 목표			
	총 공부 시간		

새롭게 알게 된 내용	오늘의 공부 평가하기
너를 응원해!	부모님 확인

 오늘도 최선을 다한 너에게

	꼭 해야 할 공부 (중요한 순서대로)	시간 분배
일차 20 년 월 일 요일	①	
	②	
	③	

이용 가능한 학습 시간	학습서	기억하고 싶은 내용	시간
오늘의 목표			
	총 공부 시간		

새롭게 알게 된 내용	오늘의 공부 평가하기
너를 응원해!	부모님 확인

오늘도 최선을 다한 너에게

	일차	꼭 해야 할 공부 (중요한 순서대로)	시간 분배
	20 년 월 일 요일	①	
		②	
		③	
	이용 가능한 학습 시간	학습서 / 기억하고 싶은 내용	시간
	오늘의 목표		
		총 공부 시간	

새롭게 알게 된 내용	오늘의 공부 평가하기
너를 응원해!	부모님 확인

  오늘도 최선을 다한 너에게

	꼭 해야 할 공부 (중요한 순서대로)	시간 분배
일차 20 년 월 일 요일	①	
	②	
	③	

이용 가능한 학습 시간	학습서	기억하고 싶은 내용	시간
오늘의 목표			
		총 공부 시간	

새롭게 알게 된 내용	오늘의 공부 평가하기
너를 응원해!	부모님 확인

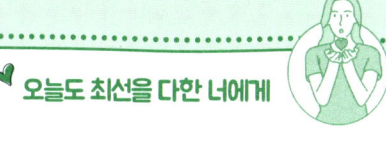

오늘도 최선을 다한 너에게

	일차
	20 년
	월 일 요일

꼭 해야 할 공부 (중요한 순서대로)	시간 분배
①	
②	
③	

이용 가능한 학습 시간
오늘의 목표

학습서	기억하고 싶은 내용	시간
총 공부 시간		

새롭게 알게 된 내용	오늘의 공부 평가하기
너를 응원해!	부모님 확인

오늘도 최선을 다한 너에게

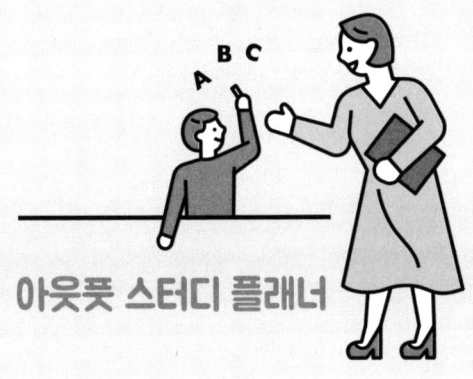